Dinâmicas e jogos para aulas de Língua Portuguesa

Dados Internacionais de Catalogação na Publicação (CIP)
(Câmara Brasileira do Livro, SP, Brasil)

Silva, Solimar
Dinâmicas e jogos para aulas de Língua Portuguesa / Solimar Silva, Sara Costa. – Petrópolis, RJ : Vozes, 2017.

7ª reimpressão, 2022.

ISBN 978-85-326-5486-1

1. Aprendizagem 2. Atividades criativas 3. Jogos educativos 4. Português (Ensino Fundamental 5. Português (Ensino Médio) 6. Prática de ensino 7. Sala de aula – Direção I. Costa, Sara. II. Título.

17-03799 CDD-372.6

Índices para catálogo sistemático:

1. Jogos nas aulas de português : Ensino Fundamental 372.6
2. Jogos nas aulas de português : Ensino Médio 469.07

Dinâmicas e jogos para aulas de Língua Portuguesa

Solimar Silva
Sara Costa

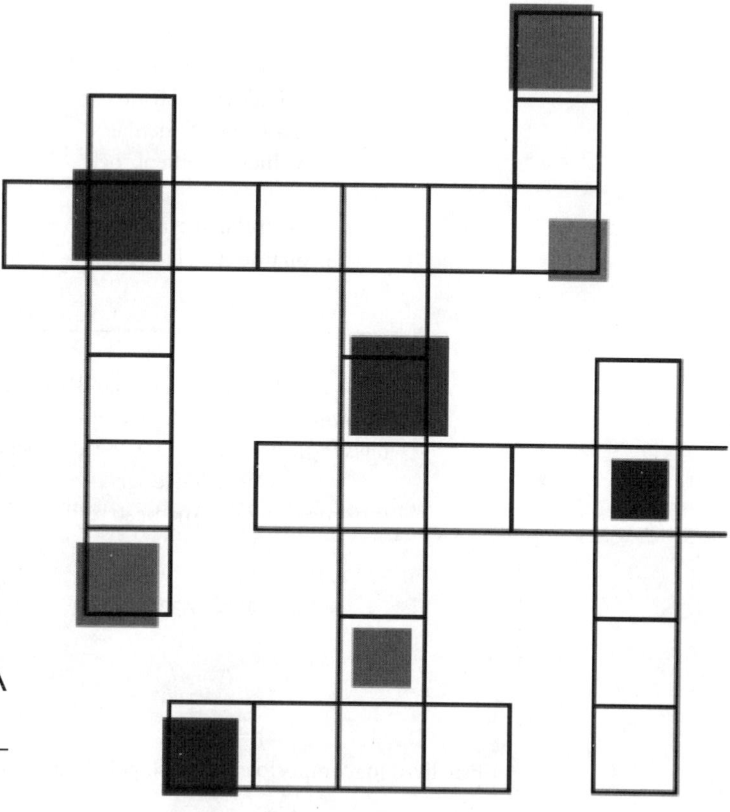

EDITORA VOZES

Petrópolis

Rua Frei Luís, 100
25689-900 Petrópolis, RJ
www.vozes.com.br
Brasil

Editoração: Maria da Conceição B. de Sousa
Diagramação: Sheilandre Desenv. Gráfico
Revisão gráfica: Fernando S. O. da Rocha
Capa: SGDesign
Ilustração de miolo: Ana Beatriz Pires Silva

ISBN 978-85-326-5486-1

Este livro foi composto e impresso pela Editora Vozes Ltda.

Agradecemos imensamente a Ana Beatriz Pires Silva por ter se juntado a nós nesse projeto e gentilmente ter criado e nos presenteado com as quarenta e nove ilustrações apresentadas nos jogos.

Dedicamos este livro ao professor e à professora que, em suas escassas horas livres, ficam à procura de uma forma mais interessante de envolver o aluno e promover aprendizagem significativa. Que este livro ajude a economizar tempo e a contribuir com aulas mais prazerosas!

Apresentação

Com o sucesso do livro *Dinâmicas e jogos para aulas de idiomas* (Editora Vozes, 2012), comecei a refletir acerca de sugestões mais específicas para as aulas de Língua Portuguesa, especialmente para a consolidação dos conhecimentos gramaticais. Embora o primeiro livro possa ser utilizado também para as aulas de língua materna, além das aulas de língua estrangeira, a maior parte das atividades tem como proposta o desenvolvimento ou aprimoramento da oralidade, crucial nas aulas de línguas, em geral.

Este livro que você agora tem em mãos objetiva sugerir maneiras mais divertidas e lúdicas de aprender e utilizar os diferentes aspectos linguísticos em língua materna, envolvendo os itens fonéticos/fonológicos, morfológicos, sintáticos, semânticos e estilísticos.

No sumário, os jogos e dinâmicas propostos estão divididos por tipos de jogo. São sete jogos de quadro, que só requerem mesmo o quadro e giz ou caneta para propor mais diversão e aprendizagem na turma; dois jogos de tabuleiro, com temas variados que você pode tirar cópia à vontade. Ainda há três jogos de cartas e dez jogos de desafio variados, incluindo labirinto, caça-palavras, palavras cruzadas e criptograma, por exemplo.

Esperamos que suas aulas de Língua Portuguesa possam ser muito mais divertidas e que os alunos tenham oportunidade de aprender em uma atmosfera agradável, como aquela proporcionada pelos jogos e dinâmicas lúdicas.

Divirtam-se!

As autoras

Sumário

Jogos de quadro

Sabemos que muitas escolas brasileiras não possuem acesso às tecnologias digitais ou mesmo simplesmente materiais que sejam um pouco mais dispendiosos, ainda que esses sejam apenas fotocópias. Alguns professores chegam a gastar de seus próprios salários com materiais diversos para as suas aulas.

Entretanto, acreditamos que é possível proporcionar aulas mais divertidas e não dispendiosas, o que é uma necessidade quando se dispõe de poucos recursos.

Tendo isso em mente e também com a certeza de que podemos proporcionar mais oportunidades de situações lúdicas em sala de aula mesmo sem gastar nada, esta seção se debruça por apresentar jogos que não requerem materiais extras, bastando o quadro, sendo ele de giz ou quadro branco.

Assim, nesta seção do livro, apresentamos várias sugestões de jogos que podem animar mais a turma e favorecer maior participação e interesse nos alunos para os assuntos estudados, bastando utilizar o quadro-negro ou branco e giz ou caneta.

As atividades aqui apresentadas também podem ser desenvolvidas preparando-as em apresentações no computador, como *slides*, ou mesmo em quadros interativos. Contudo, nosso foco, conforme já mencionado, foi facilitar que o professor, com uma breve preparação prévia das perguntas e questões que vai propor à turma, possa garantir uma forma mais prazerosa no processo de ensino-aprendizagem de língua portuguesa como língua materna.

Um pouco de preparação para levar questões interessantes para a sala e uma grande dose de bom humor para controlar os ânimos nas disputas que organizamos na sala já serão suficientes para garantir uma aula muito mais divertida e dinâmica.

As sugestões feitas nas páginas seguintes são apenas para que o professor tenha uma ideia da organização e apresentação dos jogos. Use sua criatividade, adapte as questões de acordo com os temas abordados com a sua turma, bem como o nível dos seus alunos, e arrase nas aulas!

A seguir, apresentamos os seguintes jogos:

- Jogo da velha;
- Ovo no quadro;
- Jogo da forca;
- Corrida no quadro;
- Desenhando!;
- Hora da coordenação e da subordinação;
- *Jeopardy!*

JOGO DA VELHA

Assunto: Todos os pontos gramaticais. Aqui apresentamos exemplos de Fonética/Fonologia e Morfologia.

Idade: Todas.

Nível: Fundamental e Médio.

Tempo: Cerca de 20 minutos cada rodada do jogo.

Recursos: Quadro e giz/caneta.

O conhecido jogo da velha pode servir para tornar alguns exercícios mais interessantes sem que sejam necessários recursos extras, como já dissemos na apresentação. Basta uma breve preparação prévia e quadro e giz ou caneta para agitar a turma e garantir maior atenção dos alunos – pelo menos a maioria deles.

O professor divide a turma em dois grupos, podendo ser meninos *versus* meninas, grupos um e dois, filas A e B ou mesmo pela ordem alfabética, como letras A-L contra M-Z, por exemplo.

Em seguida, desenha no quadro as linhas de base do jogo da velha. Nossa sugestão é que as enumere de 1 a 9, como mostra a figura abaixo, para facilitar a indicação de onde o aluno vai querer jogar sem que ele sequer precise sair de sua cadeira.

1	2	3
4	5	6
7	8	9

O professor ou a turma escolhe dois representantes para decidir que grupo começará a jogar. Pode-se propor par ou ímpar ou mesmo cara ou coroa.

O professor pede que os alunos do grupo escolham um número e, então, faz uma pergunta. Se o grupo acertar, marca-se 0 ou X no número que havia sido previamente escolhido. Caso contrário, o número permanece intacto, podendo o grupo oponente escolher o mesmo ou não, visto que o número não está relacionado à pergunta que será feita.

A seguir, listamos algumas sugestões de perguntas, de acordo com os tópicos gramaticais relacionados à fonética/fonologia e morfologia/estrutura de palavras. A ideia é servir como sugestão, visto que não é propósito do livro abranger todas as possíveis perguntas que podem ser realizadas em sala de aula. O professor pode utilizar exercícios disponíveis na internet, atividades propostas no livro didático ou criar suas próprias questões, personalizando o conteúdo de acordo com a sua turma.

Fonética/Fonologia:

1) Classifique o som /b/, de acordo com o ponto de articulação.

2) Dê um exemplo de palavra que contenha a letra **E** representando uma semivogal.

3) O que são dígrafos? Dê três exemplos.

4) Cite duas palavras em que a letra **x** represente o som de /z/.

5) Explique a diferença de sentido das palavras *Xá* e *Chá.*

6) Quantos fonemas há na palavra *campo*?

7) Dê exemplo de uma consoante oclusiva dental surda.

8) Quantos fonemas há nas palavras *táxi* e *palha*?

9) O que é um *alofone*? Dê um exemplo.

Morfologia/Formação de palavras:

1) Dê três exemplos de palavras compostas por aglutinação.

2) Forme três novas palavras a partir da palavra *pedra*.

3) Forme um adjetivo e um substantivo a partir do verbo *criar*.

4) Explique e dê exemplos de três classes de palavras.

5) Dê dois exemplos de verbos abundantes.

6) Dê um exemplo de verbo anômalo e um de verbo defectivo.

7) Cite todas as preposições.

8) Dê dois exemplos de derivação parassintética.

9) *Pernilongo* é exemplo de que tipo de derivação?

OVO NO QUADRO

Assunto: Todos os pontos gramaticais. Aqui apresentamos exemplos de Sintaxe (análise sintática).

Idade: Jovens e adultos.

Nível: Principalmente Ensino Médio, mas pode ser utilizado no Ensino Fundamental.

Tempo: Cerca de 15 minutos cada rodada do jogo.

Recursos: Quadro e giz/caneta.

O professor divide a turma em duas equipes ou cada fileira de carteiras pode representar uma equipe distinta.

Em seguida, desenha uma figura oval ou elíptica no quadro para cada grupo e divide-a em seis partes, como vemos na figura abaixo:

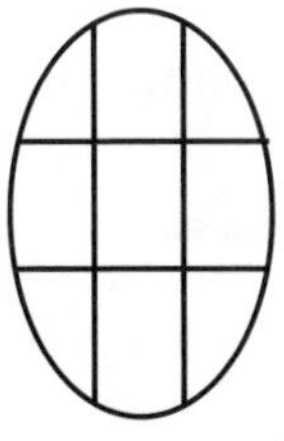

O professor pode chamar cada equipe por vez e fazer perguntas. Se a equipe acertar, o professor pinta uma das partes da figura, principalmente com caneta ou giz colorido. Para tornar a disputa mais acirrada, o professor pode fazer a pergunta para todos os grupos e deixar que as equipes disputem quem vai responder primeiro. A equipe vencedora será aquela que conseguir terminar de pintar a figura toda primeiro.

Abaixo seguem algumas sugestões referentes aos tópicos relacionados à análise sintática.

Sintaxe/Análise sintática:

1) O que é oração assindética?

2) Quais são os dois tipos de oração e qual a diferença entre eles?

3) Como se dividem as orações subordinadas?

4) Dê um exemplo de oração subordinada.

5) Dê dois exemplos de orações coordenadas explicativas.

6) Classifique a oração: *Estudei tanto que posso até ensinar a matéria.*

7) Analise sintaticamente cada termo na seguinte oração: *As casas amarelas brilham ao amanhecer.*

8) Qual é a diferença entre um adjunto adnominal e um predicativo do sujeito?

9) Dê dois exemplos de conjunção coordenada adversativa.

10) Explique e exemplifique o que é uma oração adverbial concessiva.

11) Quais são as cinco orações coordenadas sindéticas? Explique brevemente cada uma.

12) Quais são as orações subordinadas substantivas?

JOGO DA FORCA

Assunto: Morfologia – classes de palavras como substantivos e adjetivos. Semântica – sinonímia e antonímia; ampliação de vocabulário.

Idade: Todas.

Nível: Fundamental e Médio.

Tempo: Cerca de 5 a 10 minutos cada rodada do jogo.

Recursos: Quadro e giz/caneta.

Às vezes subestimamos o poder dos jogos simples, como o jogo da forca. Mas eles podem animar mais as aulas e trazer maior interesse dos alunos pela matéria ensinada.

Os alunos podem ser divididos em pequenos grupos ou equipes, mas o jogo também pode ser feito com toda a classe, se o professor julgar que haverá participação equilibrada de todos os alunos.

A proposta é que os alunos consigam decifrar a palavra antes de "serem enforcados". Para cada palavra, o time conta um ponto. Ganha a equipe que tiver acumulado maior número de pontos depois de todas as rodadas do jogo.

É uma proposta que serve bastante aos objetivos de ampliação de vocabulário, trabalho com sinônimos e antônimos, coletivos etc.

Vejamos abaixo um modelo:

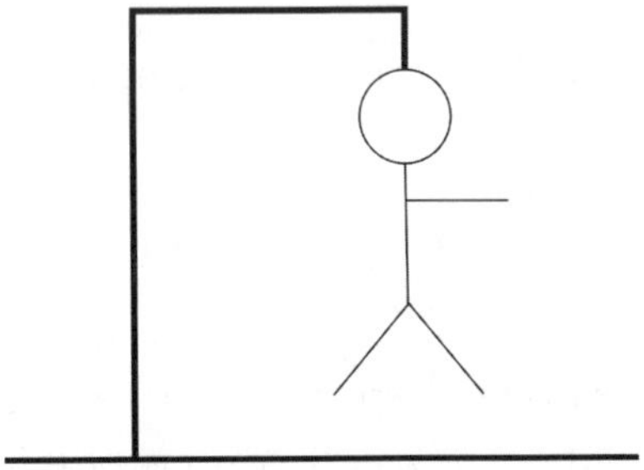

___ ___ ___ ___ ___

(número de letras da palavra)

Dica: objeto utilizado para escrever e que pode ser apagado facilmente.

Resposta: lápis

Se o grupo errar uma letra, desenha-se uma parte do corpo. Geralmente essas partes são bem simples, compostas, pelo que se percebe da figura acima, apenas da cabeça, o tronco e os membros (braços e pernas). Assim, os alunos têm seis chances de acertar a palavra.

Seguem algumas sugestões para o trabalho de ampliação de vocabulário com substantivos e adjetivos:

1) Repulsa, aversão (7 letras). Resposta: ojeriza.

2) Coletivo de lobos (8 letras). Resposta: alcateia.

3) Sinônimo de careca (5 letras). Resposta: calvo.

4) Denominação de quem nasce no Rio Grande do Norte (8 letras). Resposta: Potiguar.

CORRIDA NO QUADRO

Assunto: Todos os pontos gramaticais. Aqui apresentamos exemplos de Morfologia (verbos), Sintaxe (concordância e regência) e Estilística (figuras de linguagem).

Idade: Todas.

Nível: Fundamental e Médio.

Tempo: A critério do professor, mas geralmente leva cerca de 30 minutos para que haja uma fileira vencedora.

Recursos: Quadro e giz/caneta.

Este é um jogo bem simples, que pode ser utilizado para ampliação de vocabulário, revisão de formas verbais, análise sintática, entre outras possibilidades. Em outras palavras, é um jogo que serve tanto para revisar vocabulário ou para trabalhar vários pontos gramaticais distintos.

Pode ser utilizado no início da aula, para deixar os alunos mais animados para as tarefas do dia e para diagnosticar o que os alunos já sabem sobre determinado assunto ou ser realizado após a apresentação de um determinado conteúdo, a fim de testar o que os alunos fixaram sobre o que foi ensinado.

É um jogo que funciona com as mais variadas faixas etárias e grupos.

O professor divide a turma em dois ou três times, entregando a cada um giz ou caneta para quadro branco. Cada equipe fica em pé, formando uma fila.

O professor divide o quadro em duas ou três partes, de acordo com o número de times, e dá o comando para os alunos cumprirem a tarefa no quadro. Os alunos devem escrever a resposta e entregar o giz ou caneta ao próximo da fila. Quem respondeu vai, então, para o fim da fila. Dessa forma, o professor pode garantir que todos os alunos irão participar igualmente da atividade.

Cada equipe marca um ponto para cada resposta correta. Contudo, o professor deve deixar claro que se as respostas estiverem ilegíveis ou estiverem escritas incorretamente não vão contar pontos para o grupo.

Ao final, o professor, se preferir, pode dar pequenos prêmios aos alunos, como balas ou outros doces e adesivos.

A seguir, apresentamos algumas possibilidades de exercícios que podem ser propostos para o jogo da corrida no quadro.

Morfologia: Verbos

Sugestões:

1) O professor pode escrever um verbo no quadro e pedir que os alunos conjuguem em determinado tempo e modo.

2) O professor escolhe os verbos defectivos e anômalos e sugere que os alunos escrevam sua conjugação no quadro.

Sintaxe: Concordância ou Regência

Sugestões:

1) O professor leva frases preparadas previamente e pede que os alunos avaliem a correção ou completem as frases com os termos regidos ou de acordo com a concordância (nominal ou verbal) adequada.

2) Os alunos recebem um determinado verbo e precisam dar exemplos de usos de acordo com seus possíveis significados. Por exemplo: verbo assistir. Os alunos precisam escrever exemplos que contemplem os significados de olhar ou observar, auxiliar ou residir. Para isso, precisarão estar atentos à correta regência do verbo em cada caso.

Estilística: Figuras de linguagem

Sugestões:

1) O professor escreve no quadro determinada figura e os alunos precisam escrever um exemplo ou explicar o que significa.

2) O professor lê determinada frase e os alunos precisam escrever no quadro qual figura está presente.

DESENHANDO!

Assunto: Ampliação de vocabulário. Aqui apresentamos exemplos de palavras, frases e provérbios.

Idade: Todas.

Nível: Fundamental e Médio.

Tempo: 30-40 minutos.

Recursos: Quadro e giz/caneta.

Este é um jogo muito divertido e que funciona bem com grupos de várias idades. As crianças se sentem menos envergonhadas de expor seus desenhos do que os adolescentes e adultos, mas, se houver uma atmosfera de diversão, todos os alunos costumam se engajar bem na atividade porque percebem, além da oportunidade de diversão, a possibilidade de aprendizagem.

Este jogo permite a ampliação de vocabulário, mas também pode ser utilizado com frases mais elaboradas.

Antes da aula, o professor prepara as palavras ou frases que serão utilizadas e coloca-as em um saco. Então, na aula, o professor divide a turma em dois grupos e faz uma linha dividindo o quadro ao meio. Em seguida, começa com um membro de cada equipe, que terá que pegar uma palavra ou frase da bolsa e deverá desenhar essa palavra ou frase para que os demais colegas da turma adivinhem qual é a palavra ou a frase inteira.

Estipula-se um determinado tempo para o grupo acertar e marca-se ponto para o grupo, em caso de conseguir a resposta antes de o tempo acabar.

Uma outra possibilidade é que ambos os grupos recebam o mesmo papel e marque ponto a equipe que adivinhar a resposta primeiro.

O aluno que desenhar escolhe outro colega de sua equipe para ser o próximo a fazê-lo, e assim sucessivamente até que todos os membros dos grupos participem, acabem todos os papéis ou o professor dê por encerrado o jogo.

O professor pode orientar os alunos a apenas desenharem ou também permitir que façam mímicas. Mas não podem falar nenhuma palavra nem fazer nenhum som que possa ajudar os colegas a acertarem suas frases.

Logicamente, ganha a equipe que tiver marcado mais pontos. E o professor pode distribuir pequenos brindes, embora isso seja opcional.

Sugestões de palavras:

Partitura – emocionante – bracelete – diamante – repetição – chover – desaparecer – autoritário – tempo – viajar – casamento – monstruosidade – beleza – alugar – repartir.

Sugestão de Frases:

Minha casa é grande.

Tenho dois irmãos e uma irmã.

Socorro! Estou preso dentro do carro!

Minha tia trabalha como costureira.

Meus pais viajaram para o Japão.

Sugestão de Provérbios:

Mais vale um pássaro na mão do que dois voando.

Em terra de cego quem tem um olho é rei.

Rapadura é doce, mas não é mole, não.

Deus ajuda a quem cedo madruga.

Em casa de ferreiro, espeto é de pau.

Água mole em pedra dura tanto bate até que fura.

HORA DA COORDENAÇÃO E DA SUBORDINAÇÃO

Assunto: Sintaxe do período composto.

Idade: Jovens e adultos.

Nível: Principalmente a partir do Ensino Médio.

Tempo: 15-20 minutos.

Recursos: Quadro e giz/caneta.

O professor pode desenhar este mapa mental no quadro e explicar a diferença entre orações coordenadas e orações subordinadas, primeiramente.

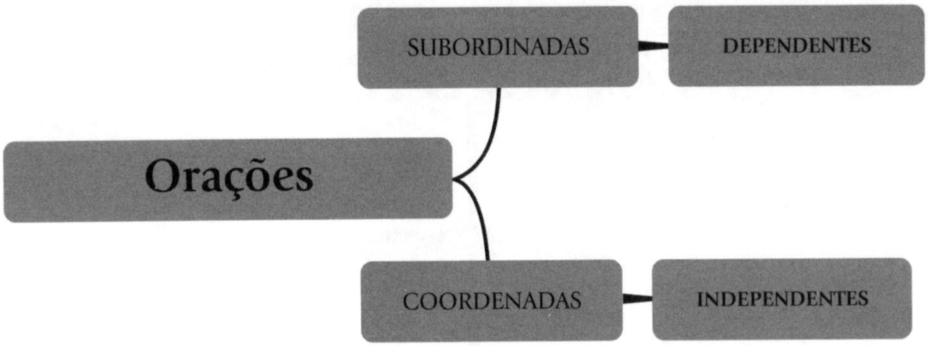

Em seguida, o professor irá fazer uma dinâmica com os alunos de forma que eles liguem as orações coordenadas ao sentido que elas possuem.

Exemplos:

a) A Ana estuda **e** o João joga bola.

b) Joana quer ver televisão, **porém** tem de estudar.

c) Diga agora **ou** cale-se para sempre.

d) O time venceu, **por isso** está classificado na disputa final.

e) Vinícius deve estar cansado, **porque** trabalhou o dia inteiro.

Oposição – **Adversativa**

Explicação – **Explicativa**

Conclusão – **Conclusiva**

Alternância – **Alternativa**

Adição – **Aditiva**

Após os alunos terem a ideia básica de que as orações coordenadas são independentes entre si, o professor pode iniciar com as orações subordinadas *adverbiais* a partir da semântica das conjunções destacadas, como foi feito anteriormente.

Orações Subordinadas

ADVERBIAIS

FUNÇÃO DE: ADJUNTO ADVERBIAL

a) **Já que** está calor, vamos tomar banho de piscina.

b) As pessoas da torcida gritaram **tanto que** ficaram roucas.

c) João estudou muito **a fim de que** passasse no concurso.

d) **Se** chover, não irei viajar.

e) **Embora** fizesse calor, levei agasalho.

f) A multidão gritava **mais** alto **do que** o som feito pelas caixas de som.

g) Juliana faz bolos **conforme** a avó dela ensinou.

h) **À proporção que** estudávamos, acertávamos mais questões.

i) **Quando** você foi embora, chegaram outros convidados.

Tempo – **Temporal**

Causa – **Causal**

Consequência – **Consecutiva**

Finalidade – **Final**

Concessão – **Concessiva**

Comparação - **Comparativa**

Conformidade - **Conformativa**

Proporção - **Proporcional**

Condição - **Condicional**

JEOPARDY!

Assunto: Todos os pontos gramaticais. Aqui apresentamos exemplos de questões relacionadas à Fonética, Morfologia, Sintaxe, Semântica, Estilística e Literatura.

Idade: Jovens e adultos.

Nível: Ensino Médio.

Tempo: Uma hora a uma hora e meia.

Recursos: Quadro e giz/caneta.

Jeopardy! é um programa de televisão que teve início na década de 1960 nos Estados Unidos e que se popularizou em diversos países, sendo exibido até a atualidade. É um *show* de perguntas e respostas que inclui conhecimentos gerais nas áreas de história, literatura, cultura e ciências. Ao contrário de muitos jogos similares, neste os temas são apresentados como respostas e os concorrentes devem formular a pergunta correspondente. Geralmente, são seis categorias e cada uma delas apresenta cinco perguntas com pontuações que refletem o grau de dificuldade, variando de 10 a 50 ou 100 a 500 pontos.

O professor pode organizar uma adaptação do jogo para a sua disciplina. Além disso, pode decidir se prefere manter a versão original em que há uma definição e os alunos devem acertar a que pergunta a definição ou resposta se refere. Ou pode simplificar e apenas fazer as perguntas, bastando os alunos escolherem o valor da pergunta que pretendem responder.

Aqui, para simplificar, vamos dispor trinta perguntas, cinco para cada uma das seis categorias a seguir. Porém, o professor pode ficar à vontade para fazer as adaptações que julgar necessárias para a sua turma.

O professor deve fazer a seguinte tabela no quadro ou projetá-la no quadro, se utilizar aparelhos multimídia:

Fonética	Morfologia	Sintaxe	Semântica	Estilística	Literatura
100	100	100	100	100	100
200	200	200	200	200	200
300	300	300	300	300	300
400	400	400	400	400	400
500	500	500	500	500	500

Os alunos podem ser colocados em equipes. A sugestão é que haja três equipes competindo. Para cada rodada, um aluno pode representar a equipe. Esta, ao chegar sua vez, deve escolher uma categoria e uma pontuação. Contudo, os alunos devem ser avisados sobre o grau de dificuldade crescente das perguntas. Geralmente, os alunos querem apostar logo nas perguntas de quinhentos pontos e acabam ficando sem pontuação nenhuma, enquanto aqueles que começam com as perguntas mais fáceis podem fazer disso uma estratégia para acumular pontos. Por outro lado, as perguntas de quinhentos pontos não devem ser impossíveis de serem respondidas. Daí que a personalização dessa atividade, feita pelo professor, é essencial para garantir o nível de desafio necessário para a sua turma.

Abaixo seguem as propostas para cada categoria. Essa nossa sugestão é o modelo simplificado, em que se apresentam as perguntas e os alunos devem responder apenas.

Fonética e Fonologia:

100 pontos:

Qual opção apresenta palavra com cinco fonemas?

a) Táxi b) Cacho c) Campo

Resposta: a.

200 pontos: Dê três exemplos de palavras que contenham dífonos.

Resposta: O aluno pode dar como exemplo qualquer palavra em que o *x* tenha som de /ks/. Exemplos: táxi, Texas, axila, tórax, tóxico.

300 pontos: Explique a diferença de sentido entre os prefixos *ante* e *anti* e dê dois exemplos de palavras para cada um deles.

Resposta: O aluno deve começar explicando que *ante* indica posição anterior e *anti* indica oposição. Exemplos de palavras: antebraço, antever; antídoto, anticoncepcional.

400 pontos: Qual a diferença entre os vocábulos: emigrante x imigrante, eminente x iminente e flagrante x fragrante?

Resposta: emigrante é quem sai voluntariamente de seu próprio país para se estabelecer em outro; imigrante é quem entra em outro país a fim de se estabelecer; eminente significa destacado ou elevado; iminente é algo que está prestes a acontecer. Por fim, flagrante significa evidente e fragrante é perfumado ou aromático.

500 pontos: Explique e exemplifique vocábulos bisesdrúxulos.

Resposta: Palavras esdrúxulas são as proparoxítonas, pois o acento tônico só incide até a antepenúltima sílaba, mesmo se a palavra possuir mais de três sílabas. Todavia, formas verbais em que o acento tônico recai na pré-antepenúltima sílaba geralmente vêm seguidas de pronomes átonos. Exemplos: encontrávamo-la; erguia-se-lhe.

Morfologia:

100 pontos:

Amaríssimo é superlativo de:

a) Amaro b) Amargo c) Amado

Resposta: b.

200 pontos:

Qual é o grau superlativo da palavra *pobre*?

Resposta: paupérrimo.

300 pontos:

É exemplo de derivação parassintética:

a) Tristemente b) Infelizmente c) Anoitecer

Resposta: c.

400 pontos:

Defina e exemplifique verbos anômalos.

Resposta: Verbo anômalo é um verbo irregular, mas apresenta irregularidades muito acentuadas, chegando até a desaparecer o radical. Em português, são anômalos os verbos **ser** e **ir**: ser – sou – fui – era – serei – seria; ir – vou – fui – ia – irei – iria.

500 pontos:

Conjugue o verbo *frigir* no presente do indicativo e no particípio.

Resposta: frijo, freges, frege, frigimos, frigis, fregem. Particípio: frito e frigido.

Sintaxe:

100 pontos:

Uma oração assindética é:

a) Uma oração sem vírgulas b) Uma oração adversativa c) Uma oração sem conjunções

Resposta: c.

200 pontos:

Classifique a oração subordinada substantiva destacada: "Maria está arrependida do que fez".

a) Completiva nominal b) Apositiva c) Objetiva indireta

Resposta: a.

300 pontos:

O que indica a partícula *se* na frase a seguir: "Quebrou-se o encanto"?

a) Partícula apassivadora b) Índice de indeterminação do sujeito c) Pronome reflexivo

Resposta: a.

400 pontos:

Identifique o tipo de sujeito do trecho: "Ouviram do Ipiranga as margens plácidas de um povo heroico o brado retumbante".

a) Simples b) Inexistente c) Indeterminado

Resposta: a.

500 pontos:

É exemplo de oração subordinada adverbial concessiva:

a) Pedro não vai à festa, a menos que termine o trabalho.

b) Desligou o aparelho celular, embora soubesse que ninguém lhe telefonaria.

c) A luz estava tão forte que não conseguia enxergar as pessoas a sua frente.

Resposta: b.

Estilística:

100 pontos:

"A perna do sofá está quebrada" é um exemplo de que figura de palavra?

a) Metonímia b) Catacrese c) Comparação

Resposta: b.

200 pontos:

É exemplo de hipérbole:

a) Amor é dor que desatina sem doer.

b) A polícia abriu fogo contra os bandidos.

c) Os meninos deliravam ao ver os jogadores em campo.

Resposta: c.

300 pontos:

Poema composto de catorze versos, sendo dois quartetos e dois tercetos.

a) Rondó b) Soneto c) Balada

Resposta: b.

400 pontos:

Na frase: "Pagamos as contas todos os professores", temos que figura de linguagem?

a) Silepse b) Perífrase c) Pleonasmo

Resposta: a.

500 pontos:

No trecho: "Vozes veladas ao vento" temos um exemplo de:

a) Colisão b) Anáfora c) Aliteração

Resposta: c.

Literatura:

100 pontos:

Apelido de Machado de Assis:

a) Poeta menor b) Bruxo do Cosme Velho c) Grande Personagem

Resposta: b.

200 pontos:

É obra de José de Alencar:

a) A pata da gazela b) A cartomante c) A cinza das horas

Resposta: a.

300 pontos:

São autores da terceira fase modernista, exceto:

a) Ariano Suassuna b) Mario Quintana c) Manuel Bandeira

Resposta: c.

400 pontos:

Qual a proposição a seguir é falsa?

a) O Parnasianismo é um movimento literário que se desenvolveu junto com o Realismo e o Naturalismo, mas a diferença é que ele se restringe à poesia.

b) O Naturalismo faz parte do Realismo, sendo que a diferença é que o Naturalismo trata de resgatar a identidade brasileira, o sentimento de patriotismo; a atenção volta para os índios, como símbolo dessa pátria.

c) O Simbolismo se opõe ao Realismo, ao Naturalismo e ao Parnasianismo, abandonando a ideia de cientificidade e incorporando mais elementos relacionados ao cosmos e questões espirituais.

Resposta: b.

500 pontos:

Poesia com foco político, postura crítica em relação à realidade social do povo e desejo de libertar-se. Essas características resumem a terceira fase da poesia romântica, conhecida como:

a) Condoreirismo b) Parnasianismo c) Ultrarromantismo

Resposta: a.

Jogos de tabuleiro

Jogos de tabuleiro permitem uma competição saudável, não individualista, em que todos os participantes interagem durante o jogo. Além disso, é um tipo de jogo que não requer muitos recursos. Nos dois jogos aqui apresentados basta providenciar a cópia dos tabuleiros sugeridos, dados para cada grupo e começar a brincadeira, pois até mesmo os peões podem ser improvisados com tampas de caneta, moedas ou outros pequenos objetos.

Nesta seção, apresentamos dois exemplos de jogos de tabuleiro. Contudo, os modelos dos tabuleiros podem servir para quaisquer desafios que o professor quiser criar ou adaptar para a sua turma.

Ao dividir a turma em pequenos grupos para que participem mais efetivamente dos jogos de tabuleiro, o professor ganha tempo para circular entre os grupos e favorecer a interação com eles de forma mais individualizada, verificando possíveis dúvidas, fornecendo informações adicionais ou revisando conceitos de que os alunos necessitem para participar efetivamente do desafio proposto.

Assim, nas próximas páginas, você encontrará os seguintes jogos de tabuleiro:

- Floresta do conhecimento.
- Polícia, bombeiro, ambulância e ônibus.

FLORESTA DO CONHECIMENTO

Assunto: Sintaxe (concordância).

Idade: Jovens e adultos.

Nível: Ensinos Fundamental e Médio.

Tempo: 50-60 minutos.

Recursos: Dados comuns ou digitais ou dados de jogos RPG, cópia dos cartões, números e do tabuleiro da floresta.

A sintaxe de concordância é a relação entre dois termos. Divide-se em duas partes, concordância verbal, em que o verbo concorda com o sujeito a que se refere, e concordância nominal, que se fundamenta na ligação entre um nome e as palavras que acompanham seja determinando, indeterminando, qualificando, especificando etc.

Um grande aventureiro será aquele que conseguir vencer este jogo! Em uma floresta encantada, cada passo é um desafio que envolve concordância, seja verbal ou nominal, e só após cada casinha numerada ser respondida os aventureiros conseguirão chegar ao outro lado da floresta.

Há quarenta e quatro passos até o outro lado da floresta e, com a ajuda de um dado numerado, cada jogador dará uma explicação sobre a concordância feita na oração de uma específica casinha. Como o dado tem apenas seis lados, ele poderá ser lançado várias vezes de acordo com a vez de cada jogador. Por exemplo, se for a segunda vez de um jogador, ele lançará o dado duas vezes, somando os resultados obtidos. Pode-se utilizar também dois dados ou dados de jogos RPG.

Cada cartão numerado possui uma oração com um termo destacado, termo este que será avaliado pelo jogador da vez; caso ele acerte jogará o dado para uma próxima jogada, caso erre, passará a vez. Para facilitar, deve haver uma pessoa que fique responsável pela averiguação das respostas na tabela-resposta que será disponibilizada com todas as explicações; é importante ressaltar que o jogador não precisa explicar exatamente da mesma forma dada na tabela, todavia a ideia deverá ser a mesma.

O ideal é que esta brincadeira seja realizada com quatro jogadores, no máximo seis. Como as turmas costumam ser bem numerosas, uma sugestão é dividir a turma em pequenos grupos e providenciar cópia do tabuleiro para cada grupo, bem como dados para que os alunos possam jogar.

Ganha aquele que chegar primeiro ao outro lado da floresta. O professor pode, se quiser, providenciar pequenas premiações aos vencedores de cada grupo, podendo ser pequenas guloseimas como balas ou chocolates, adesivos ou prêmios simbólicos diversos que não sejam dispendiosos.

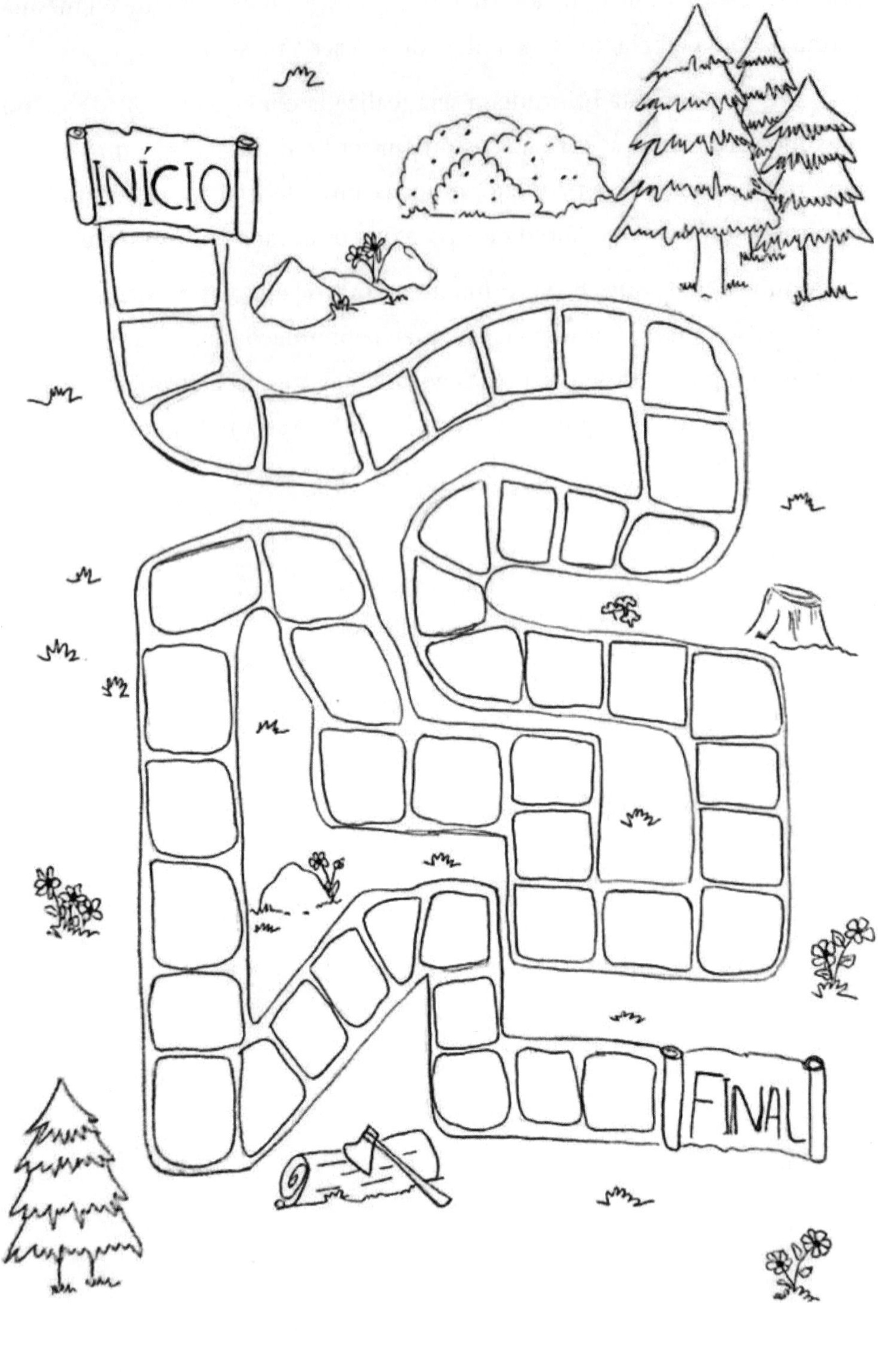
INÍCIO
FINAL

1 Então **falaram/falou** o aluno e a aluna.	2 Nós **precisamos** de auxílio.
3 Eu e tu **sairemos** de manhã.	4 O professor e a professora **prepararam** a prova.
5 **Havia** anos que este fenômeno não ocorria.	6 A boiada **passou** levantando poeira.
7 Rui ou Pedro **será** o vencedor.	8 É **proibido** entrada.

9 Médicos, remédios, mudança de clima, nada **pôde** curá-lo.	10 Sou eu quem **pago/paga** a conta.
11 **Soaram** sete horas.	12 A maioria dos atletas **participou/participaram** do desfile.
13 Cerca de dez jogadores **entraram** em campo.	14 Alguns de nós **farão/faremos** companhia a ele.
15 Mais de um atleta **representará** o Brasil nas Olimpíadas.	16 Os 10% daquele elenco **atuaram**.

17 Os Estados Unidos **enviaram** tropas à zona de conflito.	18 O fumo ou a bebida em excesso não **fazem** bem à saúde.
19 O ministro com seus assessores **analisaram** o projeto.	20 Pedro ou Paulo **será** nosso próximo síndico.
21 Seguem **anexas** as notas do aluno.	22 Um ou outro advogado **defenderá** o acusado.
23 Um e outro cientista **pesquisaram/ pesquisou** esse fenômeno.	24 **Necessita-se** de vendedores com prática.

25 **Ofereceu-se** um grande jantar aos visitantes.	26 O lutar e o vencer **constituem** a nossa meta.
27 **Choveu** muito naquela região.	28 **Ventava** durante o desfile.
29 **Faz** horas que estamos viajando.	30 **Havia** notas falsas na praça.
31 O Amazonas **é** o maior rio brasileiro.	32 Infância e adolescência **amarga/ amargas**.

33 A água **é boa** para a saúde.	34 Jornais e revistas **brasileiras/ brasileiros**.
35 Ideia e pensamento **falso**.	36 Ana **mesma** reconheceu o que fez.
37 Segue **em anexo** o envelope com os documentos.	38 Vai **incluso** um artigo de jornal.
39 Muito **obrigado**, disse Paulo.	40 Ela estava **meio** cansada.

41 Comprei **meio** quilo de mortadela.	42 Encontrei as pessoas mais educadas **possíveis**.
43 Estas árvores crescem **a olhos vistos**.	44 Enfrentamos **bastantes** obstáculos pelo caminho

CARTÃO-RESPOSTA	
1	Se o sujeito composto é posposto ao verbo, este irá para o plural ou concordará com o substantivo mais próximo.
2	O verbo concorda com o sujeito em número e pessoa.
3	Quando o sujeito for composto de pessoas diferentes, o verbo vai para o plural, de acordo com a pessoa mais importante, especificando: a primeira pessoa é mais importante que a segunda e a segunda é mais importante que a terceira.
4	O verbo vai para a 3ª pessoa do plural, caso o sujeito seja composto e anteposto ao verbo.
5	O verbo "haver" no sentido de existir ou referindo-se a tempo é impessoal, não admite sujeito.
6	Sujeito representado por substantivo coletivo, o verbo concorda com o núcleo do sujeito.
7	Havendo ideia de exclusão, o verbo fica no singular.
8	A expressão "é proibido" é invariável quando o sujeito não é determinado por artigo ou por alguns pronomes.
9	Sujeito seguido de aposto resumidor (nada) o verbo concorda com o aposto.
10	O verbo pode concordar com o sujeito "eu" ou com o pronome "quem" na 3ª pessoa.
11	O verbo "soar" concorda com o numeral, já que não aparecem as palavras relógio, sino, campainha etc.
12	Sujeito representado por expressão partitiva "a maioria de" seguida de substantivo no plural, o verbo pode ficar no singular ou no plural.
13	Sujeito representado por expressão aproximativa "cerca de", o verbo concorda com o substantivo determinado por essa expressão.
14	Sujeito formado por locução pronominal "alguns de" seguida de pronome pessoal "nós", o verbo pode concordar com o primeiro pronome ou com o pronome pessoal.
15	Sujeito formado pela expressão "mais de um", o verbo fica no singular.
16	Sujeito formado por numeral indicativo de porcentagem antecedido de determinante "os", o verbo vai para o plural.
17	Sujeito representado por nome próprio no plural com artigo no plural, o verbo vai para o plural.
18	Sujeito ligado por "ou", o verbo vai para o plural porque se refere aos dois sujeitos, sem ideia de exclusão.
19	Sujeito ligado pela preposição "com", o verbo vai para a 3ª pessoa do plural.
20	O verbo fica no singular quando o sujeito ligado pela conjunção "ou" indica exclusão.
21	A palavra "anexas" concorda em número e gênero com o termo a que se refere porque exerce função adjetiva, por isso, variável.
22	Sujeito constituído por "um ou outro", o verbo fica no singular.

23	Sujeito constituído por "um e outro", o verbo pode ir para o plural ou para o singular.
24	Quando o verbo é acompanhado da palavra "se" sendo índice de indeterminação do sujeito, o verbo fica na 3ª pessoa do singular.
25	Quando o verbo é acompanhado da palavra "se" sendo pronome apassivador, o verbo concorda com o sujeito paciente.
26	Sujeito representado por infinitivos havendo determinante "o", o verbo vai para o plural.
27	Oração que não possui sujeito contendo um verbo que indica fenômeno natural, esse verbo fica na 3ª pessoa do singular.
28	Oração que não possui sujeito contendo um verbo que indica fenômeno natural, esse verbo deve ficar na 3ª pessoa do singular.
29	Oração que não possui sujeito contendo o verbo "fazer" indicando tempo decorrido, esse verbo deve ficar na 3ª pessoa do singular.
30	Oração que não possui sujeito contendo o verbo "haver" no sentido de "existir", esse verbo deve ficar na 3ª pessoa do singular.
31	Núcleo do sujeito na forma plural, mas com artigo no singular, o verbo vai para o singular.
32	Dois substantivos do mesmo gênero no singular, o adjetivo fica no singular ou no plural.
33	A expressão "é boa" é variável, pois o sujeito a que se refere é determinado pelo artigo "a".
34	Dois substantivos de gêneros diferentes no plural, o adjetivo fica no plural no gênero do substantivo mais próximo (brasileiras), ou no plural masculino (brasileiros).
35	Substantivos sinônimos no singular, o adjetivo fica no singular concordando com o substantivo mais próximo.
36	A palavra "mesma" tem função adjetiva (variável), por isso concorda com o substantivo a que se refere, no caso, "Ana".
37	A expressão "em anexo" é invariável, por isso não deve sofrer mudanças.
38	A palavra "incluso" é variável e concorda com o substantivo a que se refere.
39	A palavra "obrigado" concorda com o nome a que se refere, no caso, masculino.
40	A palavra "meio" funciona como advérbio, significando "um pouco", portanto é invariável e não sofre concordância com nenhum outro termo.
41	A palavra "meio" funciona como adjetivo denotando quantidade, e, portanto, concorda com o substantivo a que se refere, no caso, "quilo".
42	A palavra "possíveis" se flexionou porque faz parte da expressão superlativa "as mais" com o artigo no plural.
43	A expressão "a olhos vistos" é uma locução adverbial, portanto invariável.
44	A palavra "bastantes" funciona como adjetivo, logo é variável, concordando com o nome a que se refere, no caso, "obstáculos".

POLÍCIA, BOMBEIRO, AMBULÂNCIA E ÔNIBUS

Assunto: Crase.

Idade: Todas as idades.

Nível: Principalmente a partir do Ensino Médio, mas pode ser utilizado no Ensino Fundamental.

Tempo: 50-60 minutos.

Recursos: Cópia do tabuleiro, carrinhos ou peões (ou objetos que façam esse papel), cópia da tabela de cores e das frases.

A junção de duas vogais idênticas chama-se crase. Ela é formada pela preposição "a" mais o artigo definido "a", com o pronome demonstrativo "a", com o "a" inicial dos pronomes "aquele(s), aquela(s), aquilo" e com o "a" do pronome relativo "a qual (as quais)". Para representá-la, utiliza-se o acento grave (`) sobre um único "a". Dessa forma, é importante o conhecimento sobre regência verbal e nominal para dominar a utilização ou não da preposição "a".

Pensando em um jogo dinâmico que exige bastante atenção e raciocínio em que o foco é essencial para não perder a vez, esta brincadeira traz o conteúdo sobre crase a fim de que os alunos possam compreender como e quando usá-la.

Como em um jogo de corrida, todos os jogadores estarão na linha de largada, seria mais interessante, caso possível, se o professor trouxesse os quatro tipos de carros representativos, caso contrário, o professor pode utilizar pinos com os nomes dos veículos.

O jogo funciona da seguinte forma: há quatro meios de transporte nomeados: polícia, bombeiro, ônibus e a ambulância. Há também uma tabela dividida em vinte e oito partes, cada parte deverá ser recortada nas partes pontilhadas e depois bem dobradas, a fim de que os jogadores não vejam o que tem escrito nos papeizinhos.

Feito o passo anterior, um jogador deverá numerar de um a vinte e oito no verso dos cartões que possuem orações. Após isso, esses cartões deverão ser misturados em uma superfície plana virados para baixo, a fim de que os números de cada cartão fiquem expostos.

São necessários quatro jogadores, eles são livres para escolher quem são no jogo: polícia, ambulância, bombeiro ou ônibus. Escolhidos os meios de transportes, os carrinhos ou pinos nomeados deverão ficar nas mãos dos jogadores determinados. No tabuleiro, cada jogador deverá escolher qual caminho trilhar. Para iniciar, um jogador aleatório inicia tirando um papelzinho dobrado e lendo em voz alta para todos. Por exemplo, o jogador é ambulância e tira o papelzinho escrito: "polícia – Pule duas casas", então o jogador que é polícia deverá escolher um número de um a vinte e oito dos cartões com orações, porém só poderá obedecer a esse comando se acertar se há ou não crase no cartão escolhido, lembrando que ele próprio não poderá ver a oração no cartão escolhido, o primeiro jogador que tirou o papelzinho dobrado deverá verificar a resposta no próprio cartão.

Então, quando o jogador ouvir a oração ele deve responder: "crase há" ou "crase não há", se ele acertar poderá obedecer ao comando, no caso desse exemplo ele irá pular duas casas na pista determinada à polícia, o jogo continua até um dos jogadores chegar ao triângulo maior.

O tabuleiro a seguir foi adaptado de: http://publicdomainvectors.org/pt/vetorial-gratis/Imagem-de-vetor-de-placa-Parchis/11220.html

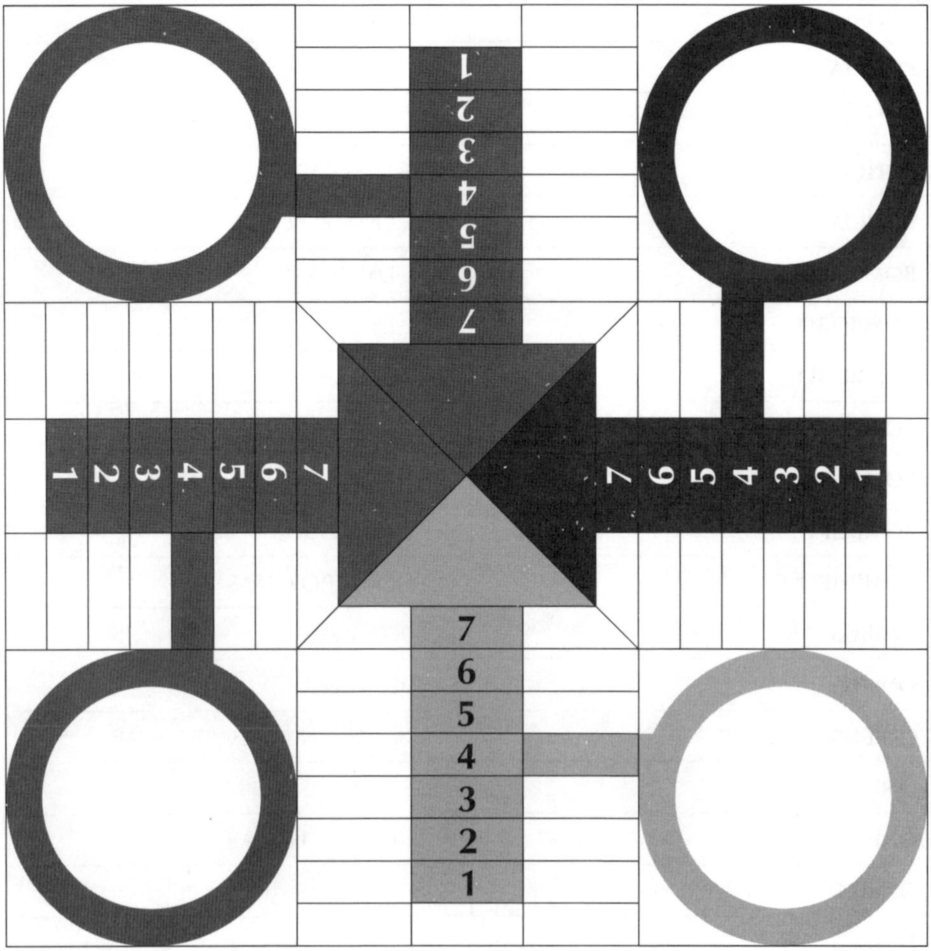
1 2 3 4 5 6 7
1 2 3 4 5 6 7
7 6 5 4 3 2 1
7 6 5 4 3 2 1

POLÍCIA	PULE UMA CASA
POLÍCIA	PULE DUAS CASAS
POLÍCIA	PERDEU A VEZ
POLÍCIA	PERDEU A VEZ
POLÍCIA	PERMANEÇA NO MESMO LUGAR
POLÍCIA	PULE TRÊS CASAS
POLÍCIA	PULE QUATRO CASAS
BOMBEIRO	PULE UMA CASA
BOMBEIRO	PULE DUAS CASAS
BOMBEIRO	PERDEU A VEZ
BOMBEIRO	PERDEU A VEZ
BOMBEIRO	PERMANEÇA NO MESMO LUGAR
BOMBEIRO	PULE TRÊS CASAS
BOMBEIRO	PULE QUATRO CASAS
ÔNIBUS	PERDEU A VEZ
ÔNIBUS	PERDEU A VEZ
ÔNIBUS	PERMANEÇA NO MESMO LUGAR
ÔNIBUS	PULE TRÊS CASAS
ÔNIBUS	PULE QUATRO CASAS
ÔNIBUS	PULE UMA CASA
ÔNIBUS	PULE DUAS CASAS
AMBULÂNCIA	PULE TRÊS CASAS
AMBULÂNCIA	PULE QUATRO CASAS
AMBULÂNCIA	PULE UMA CASA
AMBULÂNCIA	PULE DUAS CASAS
AMBULÂNCIA	PERDEU A VEZ
AMBULÂNCIA	PERDEU A VEZ
AMBULÂNCIA	PERMANEÇA NO MESMO LUGAR

Iremos **à** biblioteca.	Sua bolsa é semelhante **à** que comprei.	Refiro-me **à**quela moça de vestido rosa.	Iremos **à** França.
O fumo é prejudicial **à** saúde.	Viajaremos **à** histórica Petrópolis.	João fez um gol **à** Pelé.	Maria pintou um quadro **a** óleo.
Faço este pedido **a** Vossa Senhoria.	Após o trabalho, Marcos volta **a** casa bastante exausto.	O número de feridos chegou **a** trinta.	Marta gosta de andar **a** cavalo.
Esta loja de roupas não vende **a** prazo.	Gota a gota **a** piscina encheu.	João voltou **à** casa da mãe para buscar dinheiro.	Obedeço **a** toda sinalização de trânsito.
Não me refiro **a** mulheres, mas a homens.	Estamos **à** espera de socorro.	**Às** vezes, vou ao cinema.	Enfrentei-o cara **a** cara.
Os guardas observaram o tumulto **a** distância.	O navio está **à** distância de quatrocentos metros.	Dirigi-me **a** uma só pessoa.	Vou **a** Roma.
Estou disposto **a** falar.	Chegaram **à** noite.	Achei a pessoa **a** quem procuravas.	Ando **à** procura de bons livros.

Jogos de carta

Nesta seção buscamos resgatar o prazer do jogo com cartas, de forma instigante para o aluno.

Em pequenos grupos, mais do que competir uns com os outros, os alunos serão orientados a rever conceitos estudados e a efetivamente aprender em contexto, fugindo da mera memorização de nomenclaturas que, geralmente, não faz sentido nenhum para os alunos se eles não aprenderem de forma significativa.

As cartas propostas podem ser fotocopiadas e recortadas, de acordo com o número de participantes na turma. Sugerimos o uso de papel colorido para torná-las mais atraentes. Além disso, recomendamos que as cartas sejam plastificadas para maior durabilidade do material e, portanto, maiores chances de reutilização dessas cartas.

Os jogos desta seção são os seguintes:

- Ajude Ana Júlia;
- Encontro das abelhas;
- Quem sou eu?

AJUDE ANA JÚLIA!

Assunto: Homônimos e parônimos.

Idade: Jovens.

Nível: Ensino Fundamental.

Tempo: 15-20 minutos.

Recursos: Cópia das cartas disponíveis ao final da explicação do jogo.

A personagem Ana Júlia precisa de ajuda para completar suas falas adequadamente. Há sessenta e três cartões no total, sendo vinte e um com diferentes situações em que ela se encontra e quarenta e dois com as possíveis expressões que ela deve usar.

Os alunos farão o papel de seus amigos e deverão escolher a melhor expressão para determinado contexto, pois em cada situação haverá duas ou mais expressões que causam dúvidas quanto à escrita e à semântica.

Ana Júlia precisará de três novos amigos para, em no máximo 30 minutos, ajudá-la em todas as ocasiões. Sendo assim, cada amigo deverá escolher sete cartas de desenhos que representam as situações; depois, deverá escolher quatorze cartas que representam as expressões. Por isso, essas duas categorias de cartas deverão estar separadas e viradas para baixo. Posteriormente, devem ser misturadas em uma superfície plana.

As cartas estarão misturadas com várias expressões e com ocasiões em que devem ser usadas com atenção. A cada situação posta em jogo, o outro amigo deverá analisar as cartas com expressões que possui e, assim, jogar sobre a outra carta posta, aquela que contém a expressão adequada à situação. Caso erre, o jogador perde a vez e perde a carta. Esta, por sua vez, deverá ser posta de lado e virada para baixo, caso algum jogador queira "comprá-la".

Para a verificação das respostas há uma tabela com as expressões usadas no jogo e o desenho correspondente, a fim de que o professor possa verificar rapidamente se os alunos estão acertando.

O ideal para esta brincadeira é que os jogadores estejam no 8º ou 9º ano do Ensino Fundamental; além disso, o orientador dessa brincadeira deverá recortar os cartões e plastificá-los para uma maior durabilidade.

A CERCA DE	AO PAR	AONDE
ACERCA DE	A BAIXO	DONDE
CERCA DE	ABAIXO	POR QUE
HÁ CERCA DE	DEMAIS	POR QUÊ
A FIM	DE MAIS	PORQUE
AFIM	EMBAIXO	PORQUÊ
A MENOS DE	EM CIMA	PORVENTURA
HÁ MENOS DE	HÁ	POR VENTURA

AO INVÉS DE	A	SE NÃO
EM VEZ DE	MAL	SENÃO
AO ENCONTRO DE	MAU	TAMPOUCO
DE ENCONTRO A	MAS	TÃO POUCO
A PRINCÍPIO	MAIS	À MEDIDA QUE
EM PRINCÍPIO	NENHUM	NA MEDIDA EM QUE

EXPRESSÕES	DESENHOS CORRESPONDENTES
Há cerca de	Os noivos viajaram **há cerca de** duas semanas.
A fim de	Estudou bastante **a fim de** ingressar numa boa faculdade.
Há menos de	O avião decolou **há menos de** 5 minutos.
Em vez de	**Em vez de** ir ao cinema, preferi à praia.
De encontro ao	O argumento do prefeito vem **de encontro ao** da população.
Em princípio	Todo cidadão, **em princípio**, tem direito à educação.
A par	Os jornalistas já estão **a par** de tudo que aconteceu no acidente.
Abaixo	Desgovernado, o carro desceu ladeira **abaixo**.
De mais	Necessito **de mais** alguns dias de férias.
Em cima	O vaso está **em cima** do armário.
Embaixo	O presente está **embaixo** da cama.
A	Essa é **a** escola em que estudei.
Mau	Devido ao **mau** tempo, adiamos a viagem.
Mas	Joana estudou, **mas** não foi suficiente para tirar boa nota.
Nem um	Não tenho **nem um** centavo no banco.
Aonde	**Aonde** vai com tanta pressa?
Por que	O túnel **por que** passamos existe há muitos anos.
Porventura	**Porventura**, ele ganhou na loteria.
Senão	Venha rápido, **senão** não chegaremos a tempo!
Tampouco	Ele não olhou para mim, **tampouco** me dirigia a palavra.
À medida que	**À medida que** passava o tempo, a saudade aumentava.

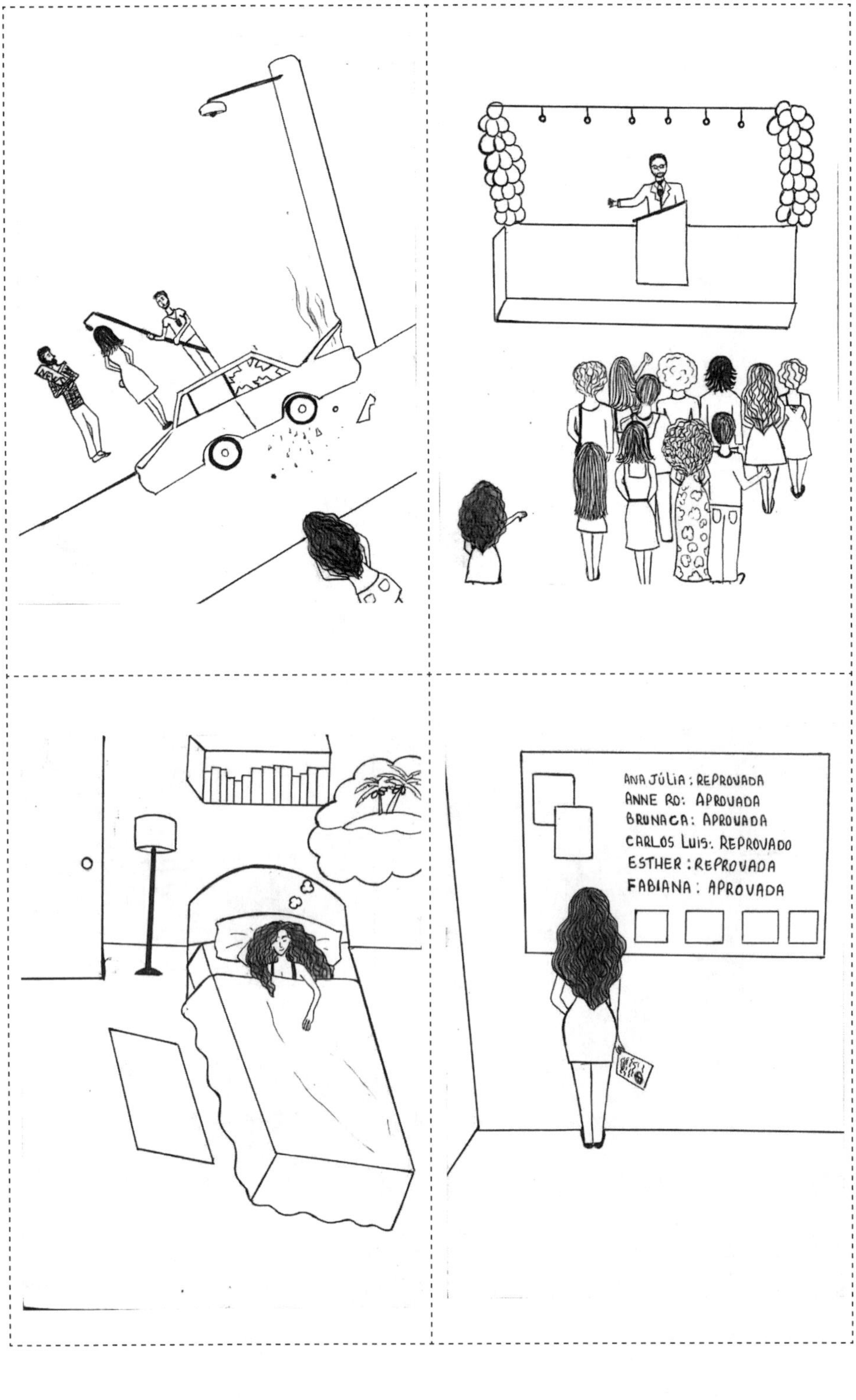
ANA JÚLIA: REPROVADA
ANNE RO: APROVADA
BRUNACA: APROVADA
CARLOS LUIS: REPROVADO
ESTHER: REPROVADA
FABIANA: APROVADA

FACULDADE FEDE
ESCOLA
SALDO
0.00
BEM
VINDO

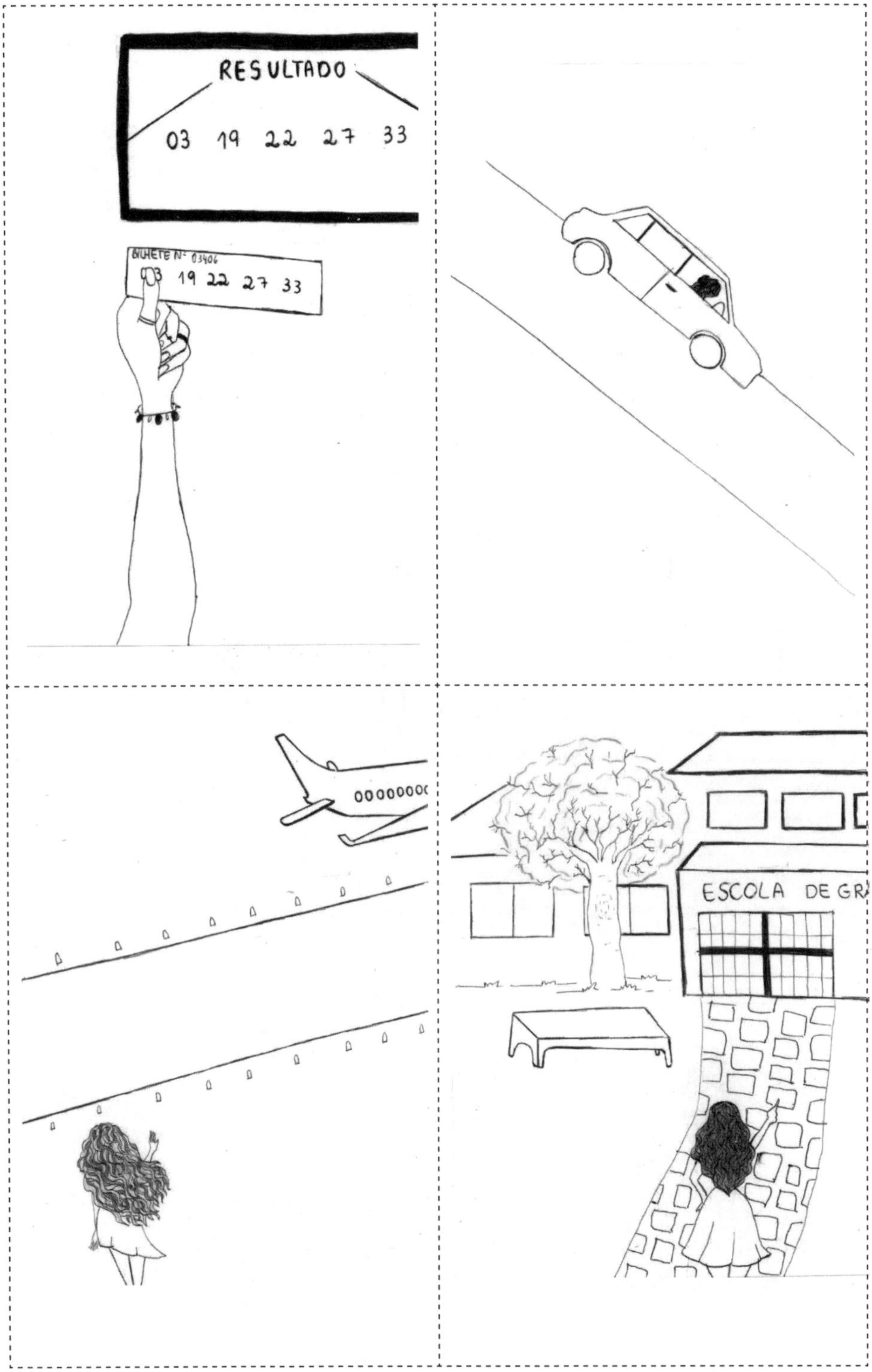
RESULTADO
03 19 22 27 33
BILHETE Nº 03406
03 19 22 27 33
ESCOLA DE GR

RECEM CASADOS

ENCONTRO DAS ABELHAS

Assunto: Encontros vocálicos e consonantais.

Idade: Crianças.

Nível: Principalmente primeiro segmento do Ensino Fundamental.

Tempo: 10 minutos.

Recursos: Cópia das cartas com desenho de pote de mel. Lista das palavras a serem ditadas.

Há quinze cartas em forma de pote de mel contendo quinze tipos de encontros consonantais e encontros vocálicos, separadamente, que deverão ser misturadas em uma superfície plana.

Duas abelhinhas terão que encontrar, o mais rápido possível, o pote de mel em que há o encontro consonantal ou vocálico de acordo com as palavras em que a abelha rainha ditar. As abelhinhas devem agir com rapidez, pois há apenas uma carta com o encontro pedido. Além disso, nas palavras que possuem encontros vocálicos, as abelhinhas deverão classificar em: ditongo, tritongo ou hiato.

Para *no máximo três abelhas*, deve haver quinze potes que podem ser recortados e plastificados para uma maior durabilidade. O ideal é que as abelhinhas estejam no *5º* ano do Ensino Fundamental e que elas terminem a partida em até 10 minutos. Vence a abelhinha que no final do jogo pegou o maior número de potes.

Palavras para serem ditadas:

- Te**lh**ado
- Gali**nh**a
- **Ch**uva
- So**rr**iso
- Va**ss**oura
- **Qu**eijo
- **Gu**erra
- De**sc**er
- Cre**sç**a
- E**xc**eção
- C**am**po
- L**em**brar
- L**im**po
- T**om**bo
- **Um**bigo

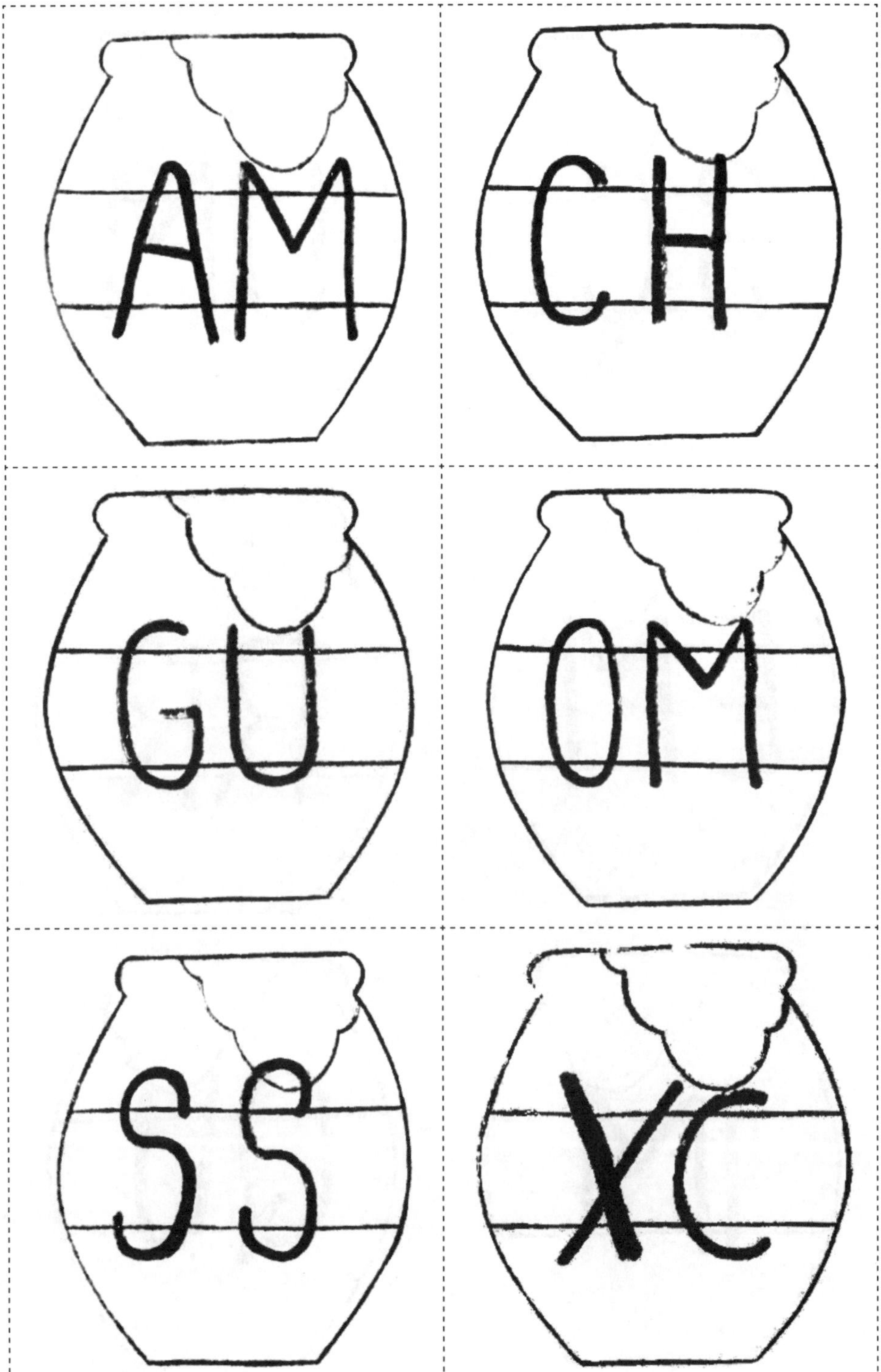
AM
CH
GU
OM
SS
XC

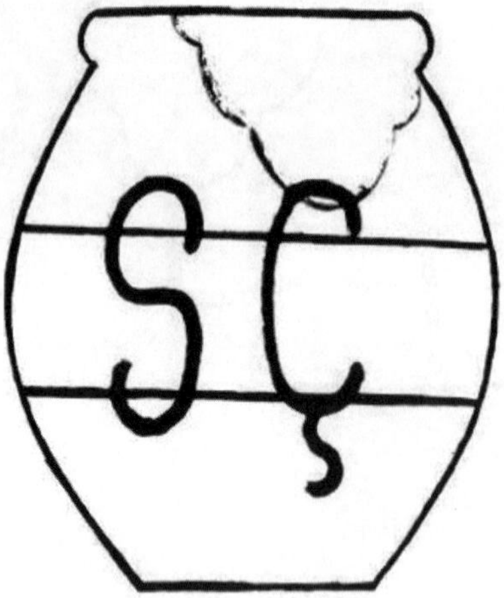
SÇ
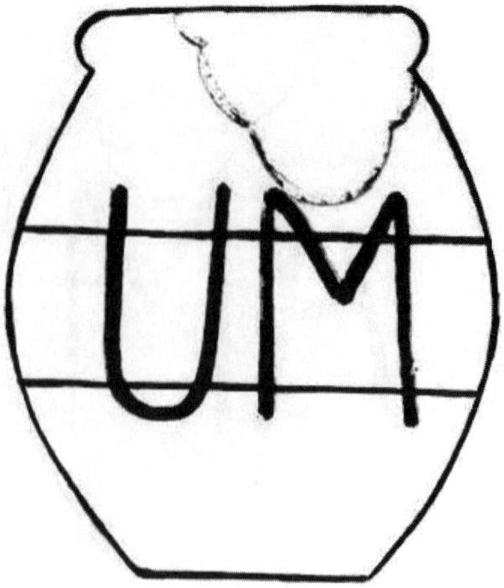
UM
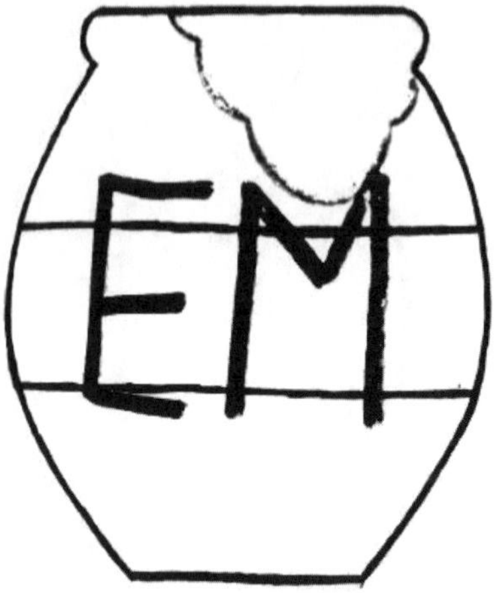
EM
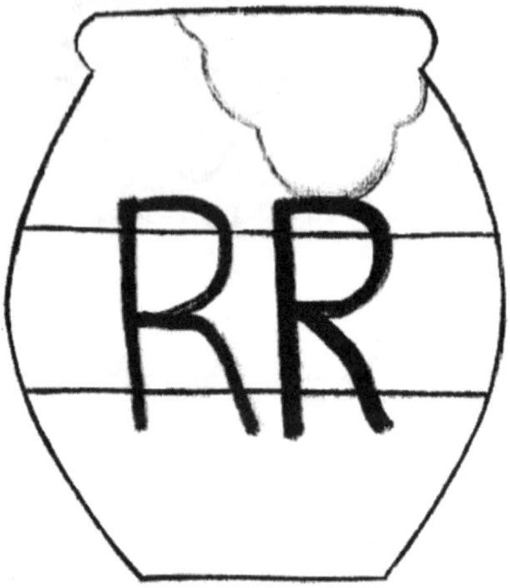
RR
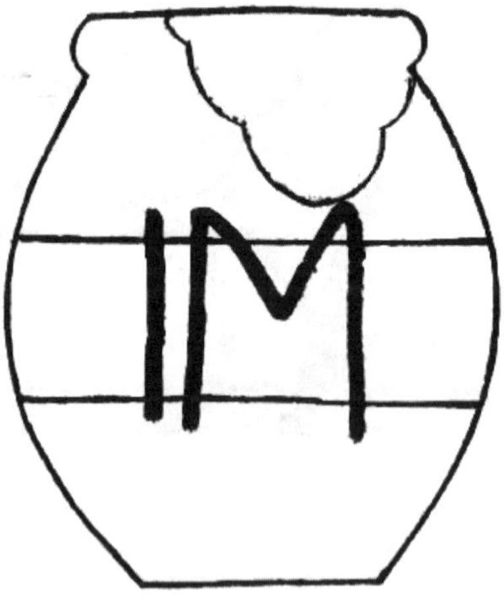
IM

QU

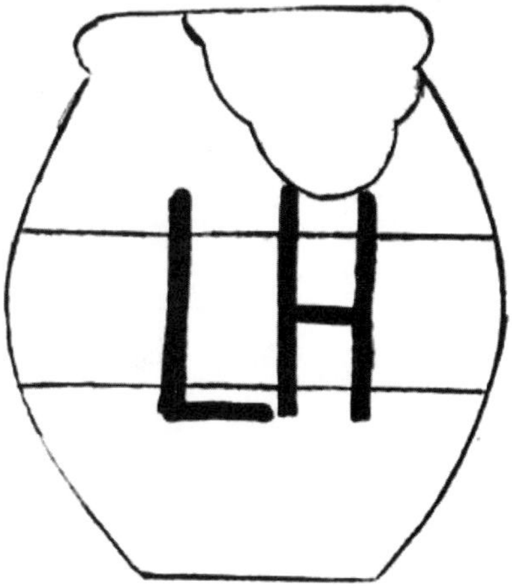
LH

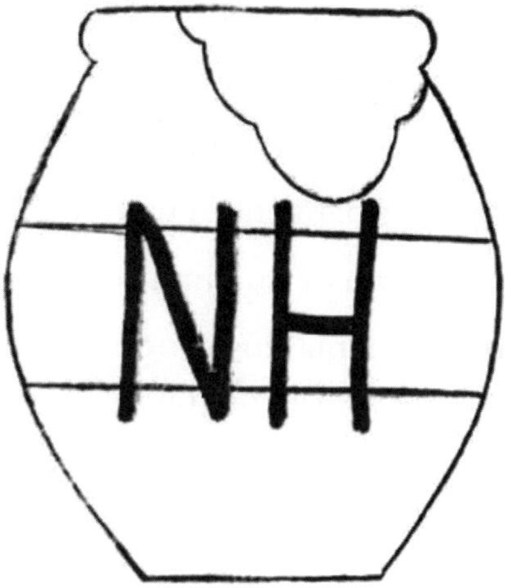
NH

SC

QUEM SOU EU?

Assunto: Sintaxe do período composto.

Idade: Jovens e adultos.

Nível: Principalmente a partir do Ensino Médio.

Tempo: Cerca de 30 minutos.

Recursos: Cópia dos cartões e dos desenhos das carinhas disponíveis ao final da explicação do jogo.

Esta é uma brincadeira divertida que envolve bastante foco e concentração; através dessa prática inovadora, os alunos saberão melhor como classificar as orações subordinadas, não apenas por memorização, mas sim pelo sentido de cada uma.

Nesse recurso dinâmico, os alunos aprenderão conciliar a semântica das orações subordinadas a sua classificação sintática. Dessa forma, pode-se desprender da forma tradicional de decorar as nomenclaturas. Este jogo não só estimula o aperfeiçoamento na sintaxe do período composto, ajuda também o aluno a desenvolver uma mente mais observadora e criteriosa em relação à acepção de textos em qualquer situação.

O jogo consiste em vinte cartas sortidas que estarão misturadas entre: subordinadas substantivas, adjetivas e adverbiais. Além de seis cartas que terão a nomenclatura inicial das orações: oração subordinada substantiva, oração subordinada adjetiva e oração subordinada adverbial. Estas cartas devem ser divididas igualmente aos dois jogadores participantes.

Após a divisão inicial, dezoito cartas, que classificam cada tipo de subordinada, deverão ser misturadas e distribuídas em uma superfície plana. Em seguida, os jogadores terão que pegar dez cartas cada, que contenham exemplos orações. O primeiro que iniciar terá que escolher uma carta, que estará numerada, e ler em voz alta para o jogador adversário.

Então o adversário, primeiramente, deverá analisar se a oração é subordinada substantiva, adjetiva ou adverbial. Caso acerte este primeiro passo, logo terá cinco pontos. Caso erre, passará a vez. Acertando, deverá analisar as cartas sobre a superfície e escolher a melhor que represente o real sentido da oração. Se acertar o segundo passo, o jogador ganha mais cinco pontos, caso erre, o jogador adversário ganha cinco pontos e o perdedor passa a vez. Como no nome do jogo, depois de escolhidas as cartas, o jogador deverá dizer ao adversário: "Eu sou uma oração subordinada (e as duas outras nomenclaturas)".

As cartas com os exemplos estarão numeradas porque há uma tabela de respostas de acordo com o número de cada uma. Por isso, o jogo deverá ser supervisionado por uma terceira pessoa, que conferirá as respostas e marcará os pontos de cada um. Há duas carinhas, uma triste e uma feliz, que podem ser coladas em um palito de picolé; essas carinhas serão erguidas pelo supervisor do jogo quando a resposta final for correta ou errada, de acordo com a tabela de respostas. Ganha o jogador que tiver maior quantidade de pontos.

ORAÇÃO SUBORDINADA SUBSTANTIVA	ORAÇÃO SUBORDINADA ADJETIVA	ORAÇÃO SUBORDINADA ADVERBIAL
ORAÇÃO SUBORDINADA SUBSTANTIVA	ORAÇÃO SUBORDINADA ADJETIVA	ORAÇÃO SUBORDINADA ADVERBIAL
SUBJETIVA	RESTRITIVA	EXPLICATIVA
OBJETIVA DIRETA	CONSECUTIVA	CAUSAL

OBJETIVA INDIRETA	COMPARATIVA	CONFORMATIVA
COMPLETIVA NOMINAL	CONCESSIVA	CONDICIONAL
PREDICATIVA	TEMPORAL	PROPORCIONAL
APOSITIVA	FINAL	

1 PEÇO-TE, APENAS, **QUE ME COMPREENDAS**.	2 É NECESSÁRIO **QUE TODOS COLABOREM**.	3 DESEJO **QUE SEJAS FELIZ**.	4 CONVENCI-ME **DE QUE ESTAVAS COM A RAZÃO**.
5 NOSSA ESPERANÇA É **QUE CHOVA ESTE MÊS**.	6 TENHO CERTEZA **DE QUE ISSO É MENTIRA**.	7 PEÇO-TE SOMENTE ISTO: **QUE ME DEIXES EM PAZ**!	8 BRASÍLIA, **QUE É A CAPITAL DO BRASIL**, JÁ POSSUI QUASE TRÊS MILHÕES DE HABITANTES.
9 O HOMEM **QUE CRÊ**, NUNCA SE DESESPERA.	10 CONHEÇO A RUA **ONDE MORA O PROFESSOR.**	11 A LUA, **QUE É UM SATÉLITE DA TERRA**, RECEBE LUZ SOLAR.	12 O MENINO ESCORREGOU **PORQUE O CHÃO ESTAVA LISO**.
13 ELE DORME **COMO UM URSO**.	14 **EMBORA FIZESSE CALOR**, ANA LEVOU O AGASALHO.	15 **CASO VOCÊ SE CASE,** CONVIDE--ME PARA A FESTA.	16 "**QUANTO MAIS SE SOBE,** TANTO MAIOR É A QUEDA."
17 APROXIMEI-ME DELE **A FIM DE QUE FICÁSSEMOS AMIGOS**.	18 **SEGUNDO REZA A CONSTITUIÇÃO**, TODOS OS CIDADÃOS TÊM OS DIREITOS IGUAIS.	19 **QUANDO VOCÊ FOI EMBORA**, CHEGARAM OUTROS CONVIDADOS.	20 JOÃO FALOU TANTO **QUE FICOU ROUCO**.

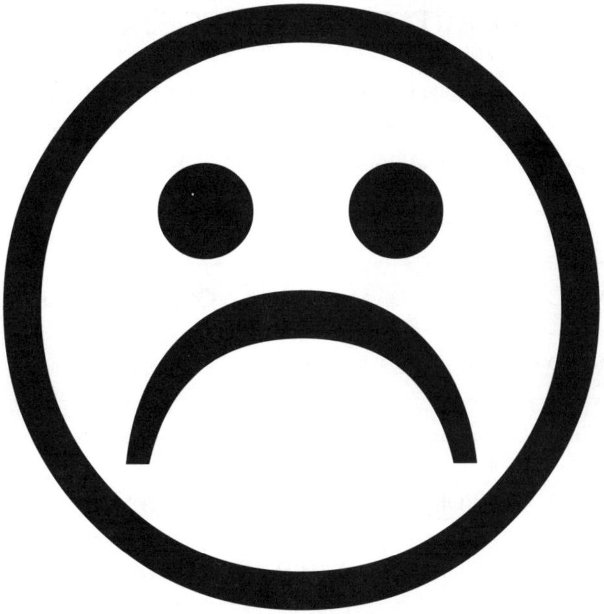

Recorte as carinhas e cole um palito de picolé nelas para facilitar que os alunos mostrem as respostas.

CARTÃO DE RESPOSTAS	
1	ORAÇÃO SUBORDINADA SUBSTANTIVA OBJETIVA DIRETA
2	ORAÇÃO SUBORDINADA SUBSTANTIVA SUBJETIVA
3	ORAÇÃO SUBORDINADA SUBSTANTIVA OBJETIVA DIRETA
4	ORAÇÃO SUBORDINADA SUBSTANTIVA OBJETIVA INDIRETA
5	ORAÇÃO SUBORDINADA SUBSTANTIVA PREDICATIVA
6	ORAÇÃO SUBORDINADA SUBSTANTIVA COMPLETIVA NOMINAL
7	ORAÇÃO SUBORDINADA SUBSTANTIVA APOSITIVA
8	ORAÇÃO SUBORDINADA ADJETIVA EXPLICATIVA
9	ORAÇÃO SUBORDINADA ADJETIVA RESTRITIVA
10	ORAÇÃO SUBORDINADA ADJETIVA RESTRITIVA
11	ORAÇÃO SUBORDINADA ADJETIVA EXPLICATIVA
12	ORAÇÃO SUBORDINADA ADVERBIAL CAUSAL
13	ORAÇÃO SUBORDINADA ADVERBIAL COMPARATIVA
14	ORAÇÃO SUBORDINADA ADVERBIAL CONCESSIVA
15	ORAÇÃO SUBORDINADA ADVERBIAL CONDICIONAL
16	ORAÇÃO SUBORDINADA ADVERBIAL PROPORCIONAL
17	ORAÇÃO SUBORDINADA ADVERBIAL FINAL
18	ORAÇÃO SUBORDINADA ADVERBIAL CONFORMATIVA
19	ORAÇÃO SUBORDINADA ADVERBIAL TEMPORAL
20	ORAÇÃO SUBORDINADA ADVERBIAL CONSECUTIVA

CASINHAS DE SONS

Assunto: Sílabas tônicas.

Idade: Crianças.

Nível: Principalmente primeiro segmento do Ensino Fundamental.

Tempo: 20-30 minutos.

Recursos: Cópia da lista de palavras e dos desenhos das casinhas.

Há quarenta pecinhas com palavras diversas, e em cada palavra há uma sílaba com a tonicidade mais forte que deve ou não ser acentuada. Todas as palavras devem ser encaixadas na casinha adequada à sua tonicidade. No total, são seis casinhas, sendo elas: oxítona acentuada, paroxítona acentuada, proparoxítona acentuada, oxítona não acentuada, paroxítona não acentuada e proparoxítona não acentuada. Para montar essas casinhas é preciso que as duas partes verticais nas pontas estejam coladas, a fim de que forme um buraco no meio para encaixar as pecinhas.

O objetivo do jogo é formar grupos de, no máximo, seis alunos para colocar as pecinhas na casinha correta, sendo que nas casinhas que são "acentuadas" as palavras deverão vir acentuadas na sílaba correta, de preferência com caneta colorida, antes de serem colocadas na casinha adequada.

A dinâmica consiste em rapidez e agilidade mental, uma vez que o grupo que mais rápido colocar as pecinhas adequadamente no lugar ganhará o jogo. Atenção! Os alunos terão apenas 15 minutos para a realização dessa brincadeira. Após isso, a professora recolherá as casinhas de cada grupo e colocará as respostas no quadro. Para facilitar a correção, uma tabela com as palavras será dada a cada grupo a fim de que marquem suas respostas com apenas abreviações. Exemplos: O.A (oxítona acentuada).

PALAVRAS	CLASSIFICAÇÃO QUANTO À SÍLABA TÔNICA
ATRAS	
AVO	
VINTENS	
APOS	
POLEN	
GRATUITO	
BICEPS	
UTIL	
RUBRICA	
PARATI	
PARALELEPIPEDO	
UMIDO	
URUBU	
SUTIL	
JA	
ASSEMBLEIA	
SUIÇO	
REUNE	
CHAPEU	

ALI	
NU	
VOO	
BAINHA	
VIRUS	
CREEM	
XIITA	
HEROI	
IDEIA	
PURE	
ALCOOIS	
LATEX	
BAIUCA	
HEROICO	
FEIURA	
BALAUSTRE	
JUIZO	
FEMUR	
OMEGA	
SOTÃO	

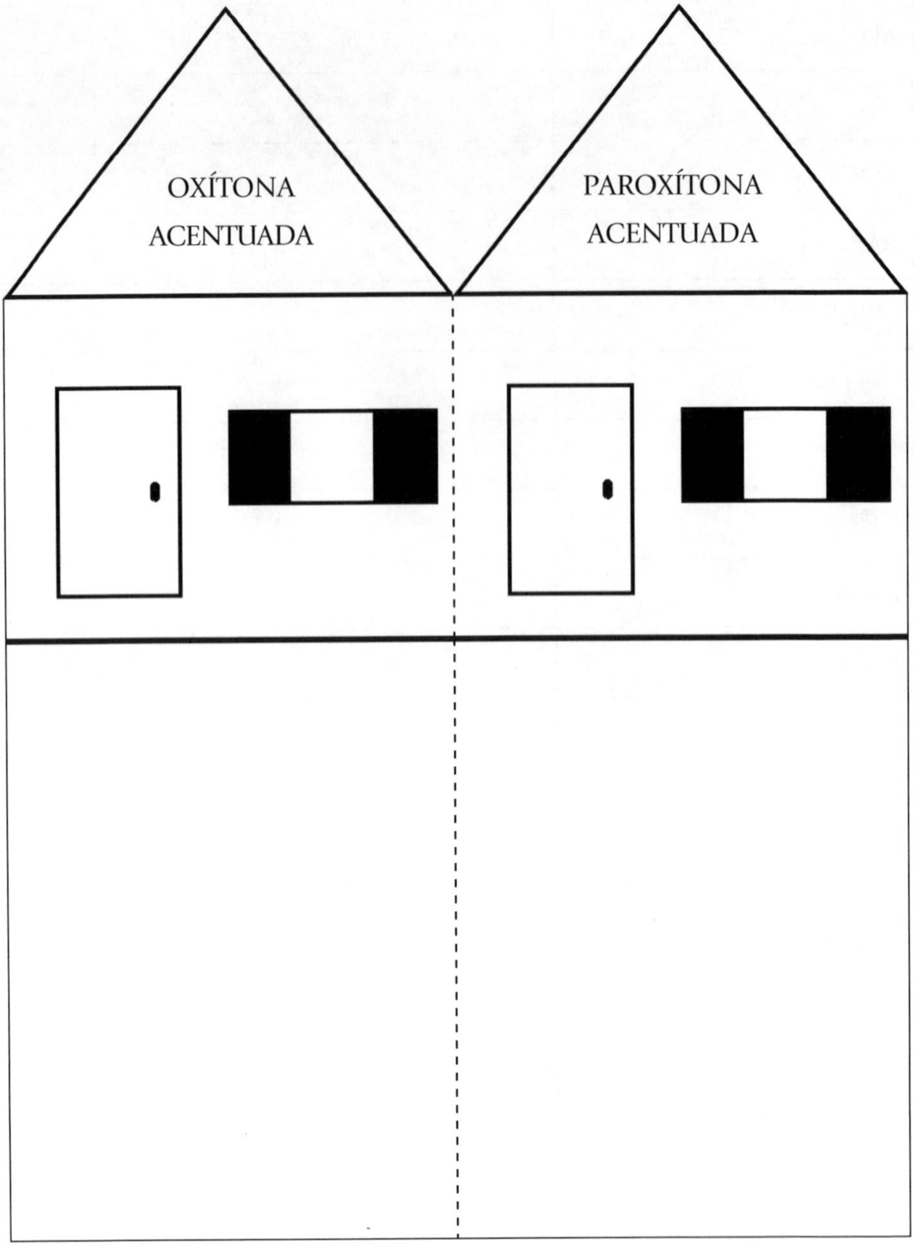
OXÍTONA
ACENTUADA
PAROXÍTONA
ACENTUADA

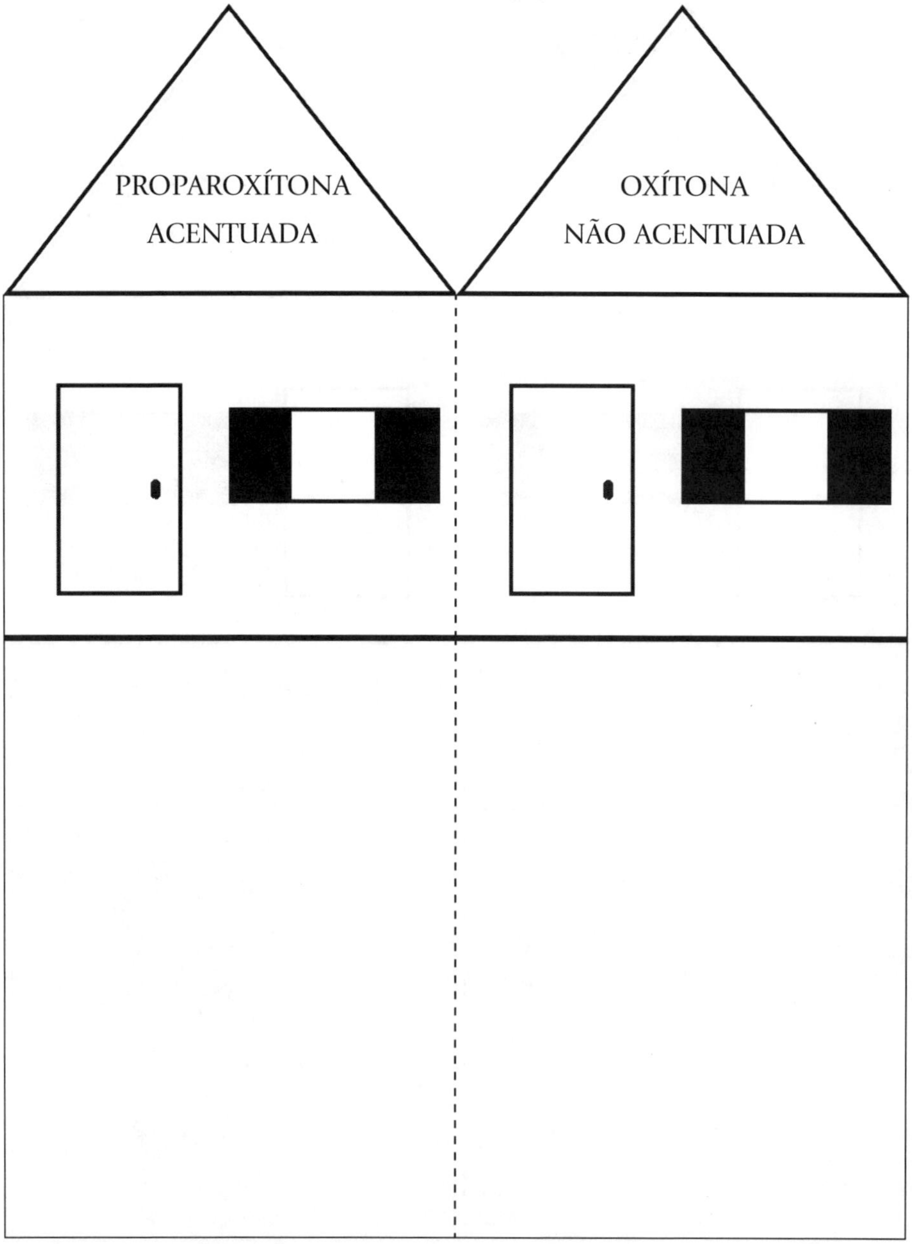
PROPAROXÍTONA
ACENTUADA
OXÍTONA
NÃO ACENTUADA

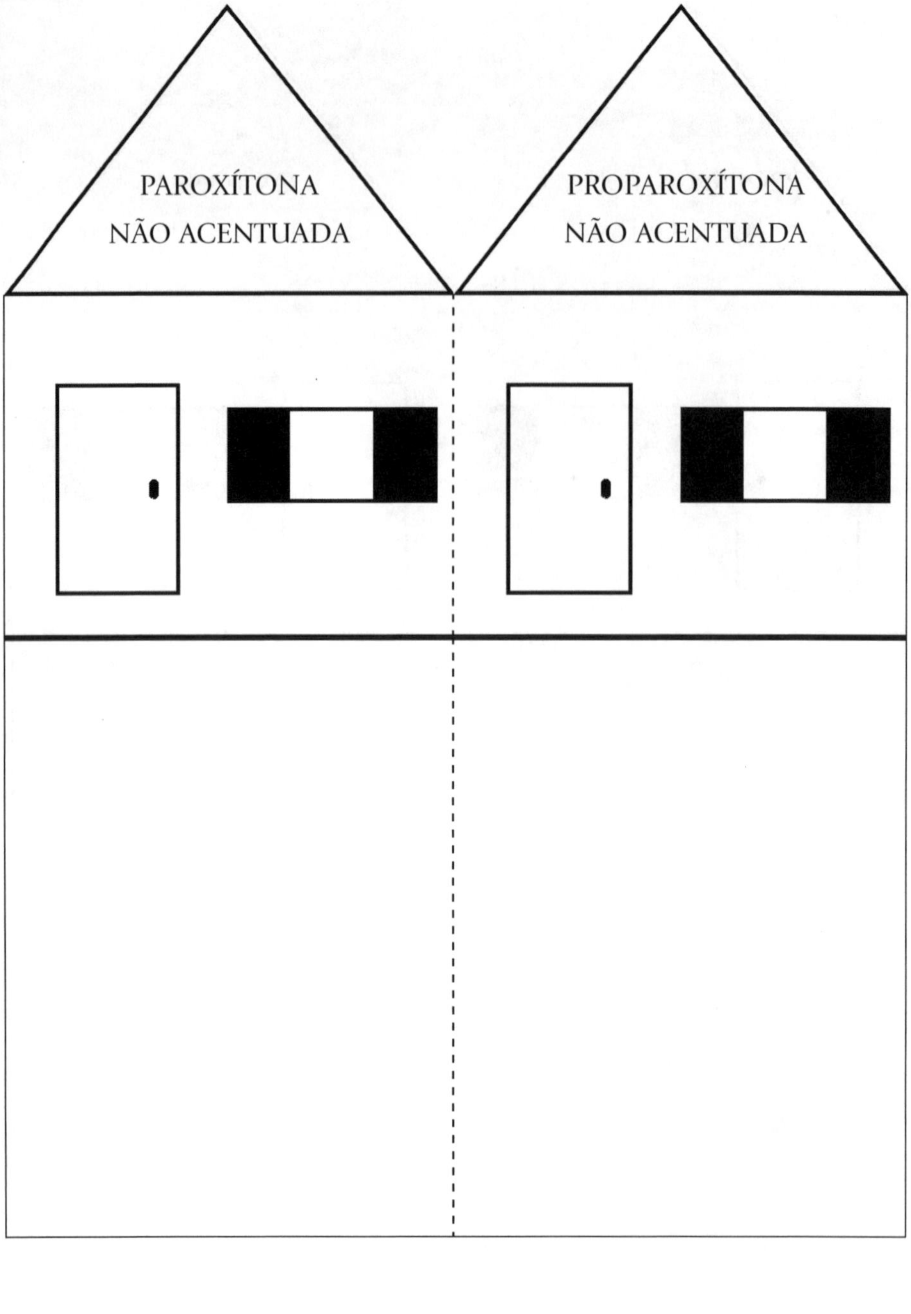
PAROXÍTONA
NÃO ACENTUADA
PROPAROXÍTONA
NÃO ACENTUADA

ATRAS	AVO	VINTENS	APOS
POLEN	GRATUITO	BICEPS	UTIL
RUBRICA	PARATI	PARALELEPIPEDO	UMIDO
URUBU	SUTIL	JA	ASSEMBLEIA
SUIÇO	REUNE	CHAPEU	ALI
NU	VOO	BAINHA	VIRUS

CREEM	XIITA	HEROI	IDEIA
PURE	ALCOOIS	LATEX	BAIUCA
HEROICO	FEIURA	BALAUSTRE	JUIZO
FEMUR	OMEGA	SOTÃO	ATUM

Jogos de desafio

Quando propomos desafios que prendam a atenção dos alunos, estes nos surpreendem tentando resolver as questões propostas.

Não à toa, atividades como palavras-cruzadas e criptogramas, por exemplo, fazem sucesso em revistas especializadas em passatempos.

Com essa ideia em mente, buscamos apresentar, nesta seção, desafios especialmente preparados para as aulas de Língua Portuguesa. São desafios possíveis de serem realizados por nossos alunos dos ensinos Fundamental e Médio. Requerem atenção, concentração e estratégias para resolver os enigmas propostos. E, com certeza, eles vão se amarrar em enfrentar esses desafios.

Os desafios aqui propostos são:

- Construindo palavras;
- Cruzadinha morfológica;
- Criptograma verbal;
- Agora você é o detetive.

CONSTRUINDO PALAVRAS!

Assunto: Morfologia – formação de palavras.

Idade: Crianças, principalmente.

Nível: Principalmente para o primeiro segmento do Ensino Fundamental.

Tempo: 15-20 minutos.

Recursos: Cópia das peças contendo as partes constitutivas das palavras e cópia do cartão de dicas.

Uma atividade dinâmica que vai estimular a capacidade do aluno no entendimento sobre formação de palavras e a assimilação de cada parte constitutiva de uma palavra. O aluno vai pensar; desenvolver e aprender de forma agradável. A brincadeira consiste em um quebra-cabeça com apenas palavras. Os construtores, os assim chamados alunos, irão formar palavras a partir de um radical.

Em cada pecinha do radical há um número; estes números estão no cartão de dicas que indicarão prefixos, sufixos, vogal temática ou desinências para serem acrescentados ao radical especificado.

Seria bastante interativo se o professor dividisse a turma em grupos e formassem círculos para jogar. Este jogo requer bastante atenção e concentração, pois nos cartões especiais não haverá o exemplo de prefixo ou sufixo especificamente; exemplificando, haverá o sentido do prefixo ou sufixo que para aquele radical existe e o aluno analisará qual se encaixa melhor no radical; nos outros casos haverá dicas.

O objetivo do jogo é tornar *engenheiros de palavras* todos os alunos que participarem da brincadeira. Dessa forma, eles aprenderão de forma lúdica os significados das palavras através das partes constituintes.

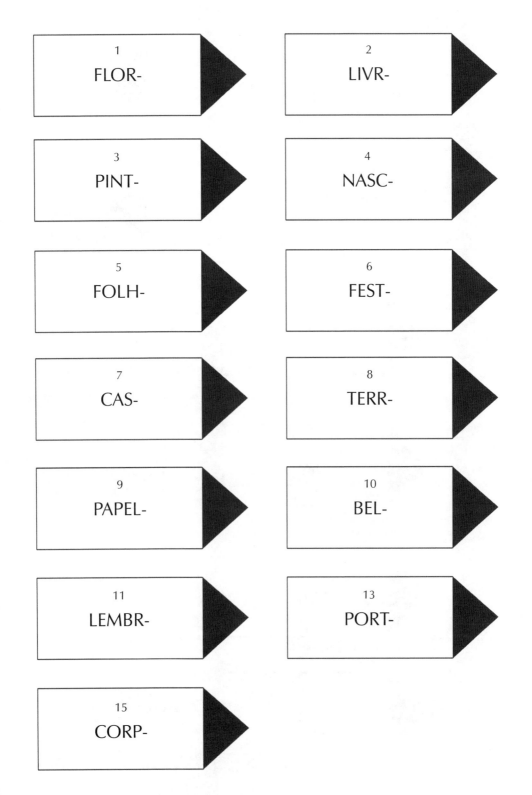

1
FLOR-

2
LIVR-

3
PINT-

4
NASC-

5
FOLH-

6
FEST-

7
CAS-

8
TERR-

9
PAPEL-

10
BEL-

11
LEMBR-

13
PORT-

15
CORP-

RECORTE ESTA PARTE

17
TRIST-

RECORTE ESTA PARTE

18
CAMP-

19
CERT-

RECORTE ESTA PARTE

12
FORMA-

RECORTE ESTA PARTE

14
LEAL-

RECORTE ESTA PARTE

20
CABEÇ-

RECORTE ESTA PARTE

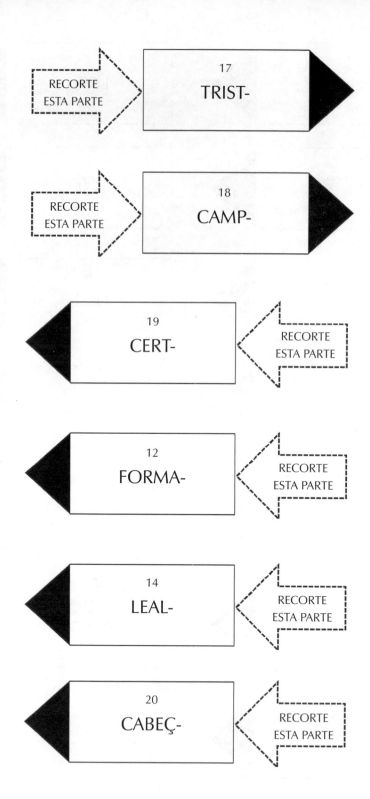

21

VALOR-

RECORTE
ESTA PARTE

22

FELIZ-

RECORTE
ESTA PARTE

23

SOCI-

RECORTE
ESTA PARTE

RECORTE
ESTA PARTE

24

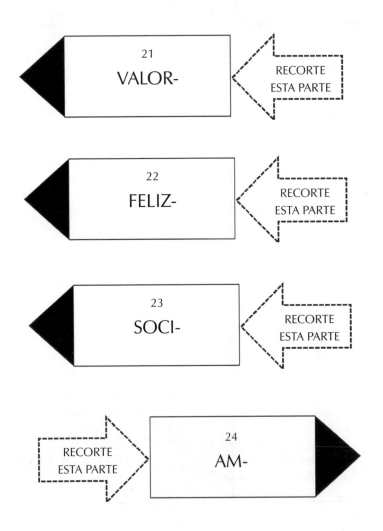

AM-

VEL

ANTE

ISTA

ESCER

URA

OR

ESTRE

ENO

EZA

ÍSSIMO

DADE

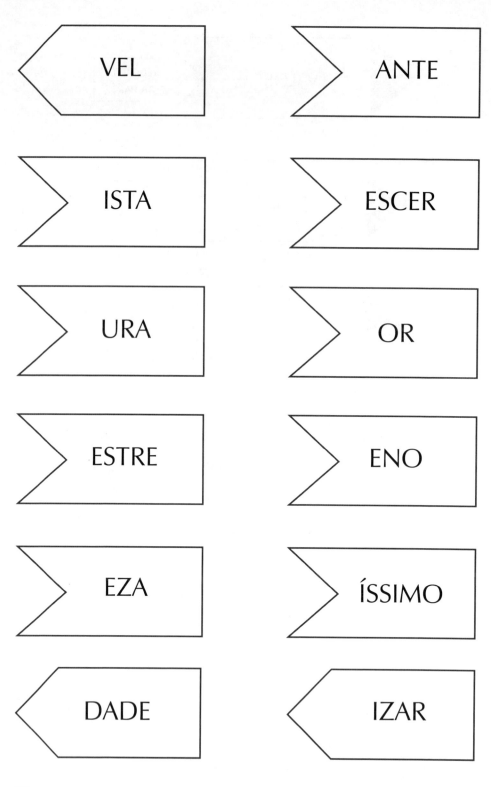

IZAR

EIRO

TRANS

DES

DES

IN

MOS

IN

MENTE

EJAR

O

EN

ARIA

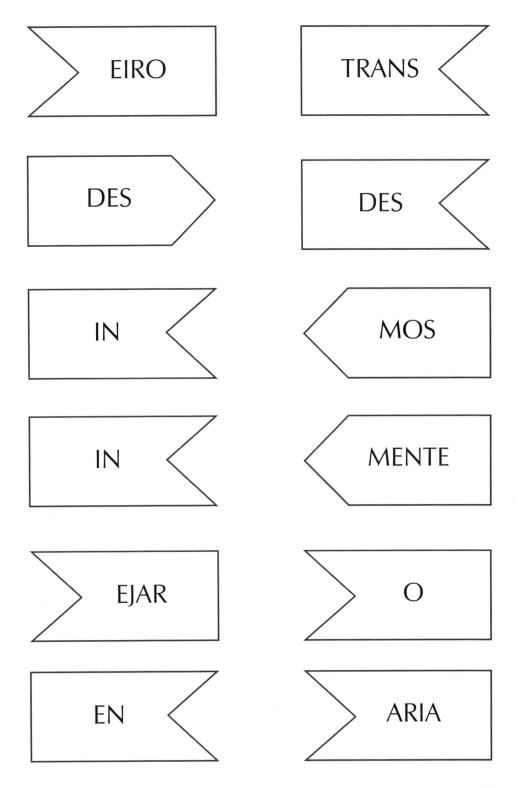

A

ECER

RE

DES

MENTO

EZA

EN

ECER

AL

MENTO

A

RECORTE
ESTA PARTE

ALHO

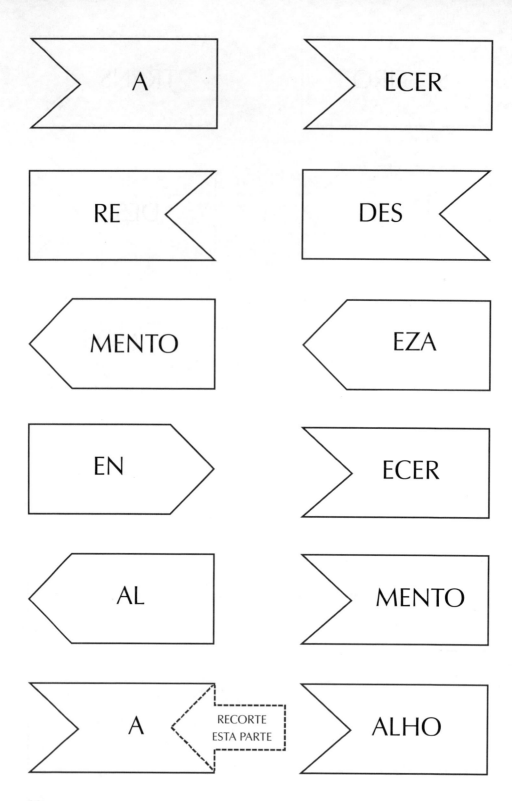

ANTI

ADA

AR

AL

ETO

S

RECORTE
ESTA PARTE

A

ESTRE

AGEM

AR

I

RECORTE
ESTA PARTE

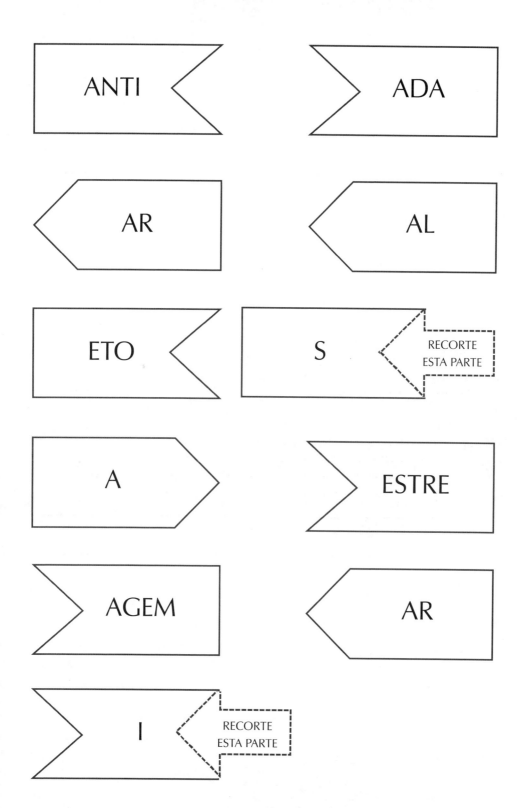

ENÇA

INHA

ANÇA

ESTRE

ANZIL

ETE

AÇÃO

ARIA

ESTRE

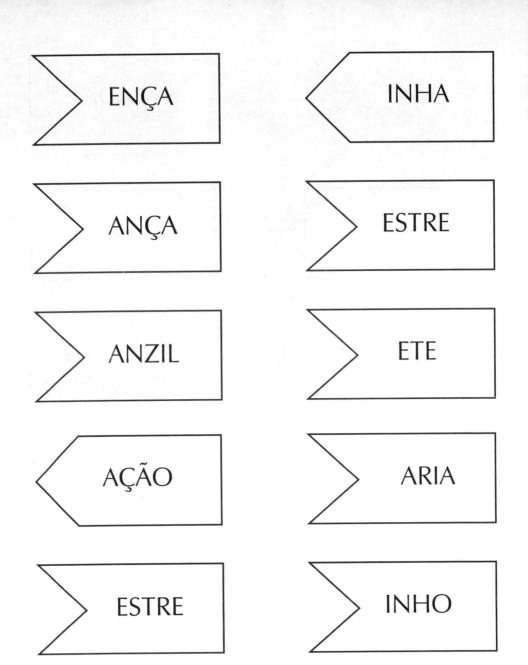

INHO

DICAS	
1	• SUFIXO VERBAL COM IDEIA DE AÇÃO INDICATIVA DE MUDANÇA DE ESTADO; • SUFIXO NOMINAL COM IDEIA DE PROFISSÃO.
2	• SUFIXO NOMINAL COM IDEIA DE DIMINUIÇÃO; • SUFIXO NOMINAL COM IDEIA DE LUGAR.
3	• SUFIXO NOMINAL COM IDEIA DE RESULTADO DA AÇÃO; • SUFIXO NOMINAL COM IDEIA DE AGENTE DA AÇÃO.
4	• VOGAL DE LIGAÇÃO "I" + SUFIXO NOMINAL COM IDEIA DE RESULTADO DA AÇÃO; • SUFIXO NOMINAL QUE INDICA AÇÃO OU RESULTADO DELA.
5	• SUFIXO NOMINAL QUE DENOTA AGLOMERAÇÃO; • SUFIXO NOMINAL COM IDEIA DE DIMINUIÇÃO.
6	• SUFIXO VERBAL QUE EXPRIME CONTINUAÇÃO, FREQUÊNCIA OU PERMANÊNCIA; • SUFIXO NOMINAL QUE FORMA ADJETIVO A PARTIR DE UM SUBSTANTIVO.
7	• VOGAL TEMÁTICA NOMINAL "A" + SUFIXO NOMINAL QUE FORMA NOME DE AÇÃO; • SUFIXO VERBAL QUE FORMA VERBOS DA 1ª CONJUGAÇÃO.
8	• SUFIXO NOMINAL COM IDEIA DE "TÍPICO"; "PRÓPRIO"; • SUFIXO NOMINAL QUE INDICA REFERÊNCIA.
9	• SUFIXO NOMINAL COM IDEIA DE AGLOMERAÇÃO; • SUFIXO NOMINAL QUE INDICA "ESTABELECIMENTO COMERCIAL".
10	• SUFIXO NOMINAL QUE EXPRIME QUALIDADE OU ESTADO; • SUFIXO NOMINAL QUE FORMA ADJETIVO SUPERLATIVO SINTÉTICO.
11	• SUFIXO NOMINAL QUE FORMA NOME DE AÇÃO; • SUFIXO NOMINAL FORMADOR DE DIMINUTIVO.
12	• PREFIXO QUE SIGNIFICA "REPETIÇÃO" + RADICAL; • PREFIXO QUE SIGNIFICA "ALÉM"; "ATRAVÉS DE" + RADICAL + SUFIXO NOMINAL QUE FORMA NOME DE AÇÃO.

13	• SUFIXO NOMINAL QUE INDICA "LUGAR"; • SUFIXO NOMINAL QUE INDICA "PROFISSÃO".
14	• PREFIXO QUE SIGNIFICA "AÇÃO CONTRÁRIA" + RADICAL; • SUFIXO NOMINAL QUE INDICA QUALIDADE OU ESTADO.
15	• SUFIXO NOMINAL QUE INDICA AUMENTATIVO; • SUFIXO NOMINAL QUE INDICA DIMINUTIVO.
17	• SUFIXO NOMINAL QUE INDICA UM SUBSTANTIVO FORMADO DE UM ADJETIVO; • PREFIXO QUE SIGNIFICA "POSIÇÃO INTERIOR" + RADICAL + SUFIXO VERBAL COM IDEIA DE AÇÃO INDICATIVA DE MUDANÇA DE ESTADO.
18	• PREFIXO QUE INDICA "AFASTAMENTO"; "SEPARAÇÃO" + RADICAL + SUFIXO VERBAL QUE FORMA VERBOS DA 1ª CONJUGAÇÃO; • SUFIXO NOMINAL QUE INDICA REFERÊNCIA.
19	• PREFIXO QUE SIGNIFICA "NEGAÇÃO" + RADICAL + SUFIXO NOMINAL QUE INDICA UM SUBSTANTIVO ORIGINADO DE UM ADJETIVO; • PREFIXO QUE SIGNIFICA "NEGAÇÃO" + RADICAL + DESINÊNCIA NOMINAL DE GÊNERO MASCULINO.
20	• SUFIXO NOMINAL COM IDEIA DE AUMENTO; • PREFIXO QUE SIGNIFICA "MOVIMENTO PARA DENTRO" + RADICAL + SUFIXO VERBAL QUE FORMA VERBOS DA 1ª CONJUGAÇÃO.
21	• SUFIXO VERBAL COM IDEIA DE AÇÃO; • PREFIXO COM SENTIDO DE "AÇÃO CONTRÁRIA" + RADICAL + SUFIXO VERBAL COM IDEIA DE AÇÃO.
22	• PREFIXO QUE SIGNIFICA "NEGAÇÃO" + RADICAL + SUFIXO ADVERBIAL; • SUFIXO ADVERBIAL.
23	• PREFIXO QUE SIGNIFICA "OPOSIÇÃO" + S + RADICAL + SUFIXO NOMINAL QUE FORMA ADJETIVO COM IDEIA DE RELAÇÃO; • SUFIXO NOMINAL QUE FORMA ADJETIVO COM IDEIA DE RELAÇÃO.
24	• VOGAL TEMÁTICA VERBAL + DESINÊNCIA NÚMERO PESSOAL NA 1ª PESSOA DO PLURAL; • PREFIXO DE NEGAÇÃO + SUFIXO VERBAL QUE FORMA VERBOS DA 1ª CONJUGAÇÃO.

CRUZADINHA MORFOLÓGICA

Assunto: Morfologia – classes de palavras.

Idade: Todas.

Nível: Principalmente Ensino Fundamental.

Tempo: 15-20 minutos.

Recursos: Cópia da cruzadinha; disponível ao final da explicação do jogo.

De uma maneira divertida e descontraída, esse jogo põe a mente dos alunos para mostrar aquilo que aprenderam em aula. Desenvolvendo habilidades e a estimulação da memória, a cruzadinha aqui sugerida consiste no trabalho da morfologia, especificamente nas dez classes de palavras.

Há uma definição para cada classe em cada número da cruzadinha. Isso facilitará o reconhecimento da palavra em questão, já que o objetivo é fazer o aluno pensar qual classe encaixa-se melhor em determinada definição.

A utilização da cruzadinha morfológica cria um desafio mental em que o aluno concilia as aulas ao jogo, favorecendo uma revisão dinâmica.

O ideal é trabalhar individualmente com esta atividade em até *15 minutos*, pois assim o aluno terá uma melhor concentração.

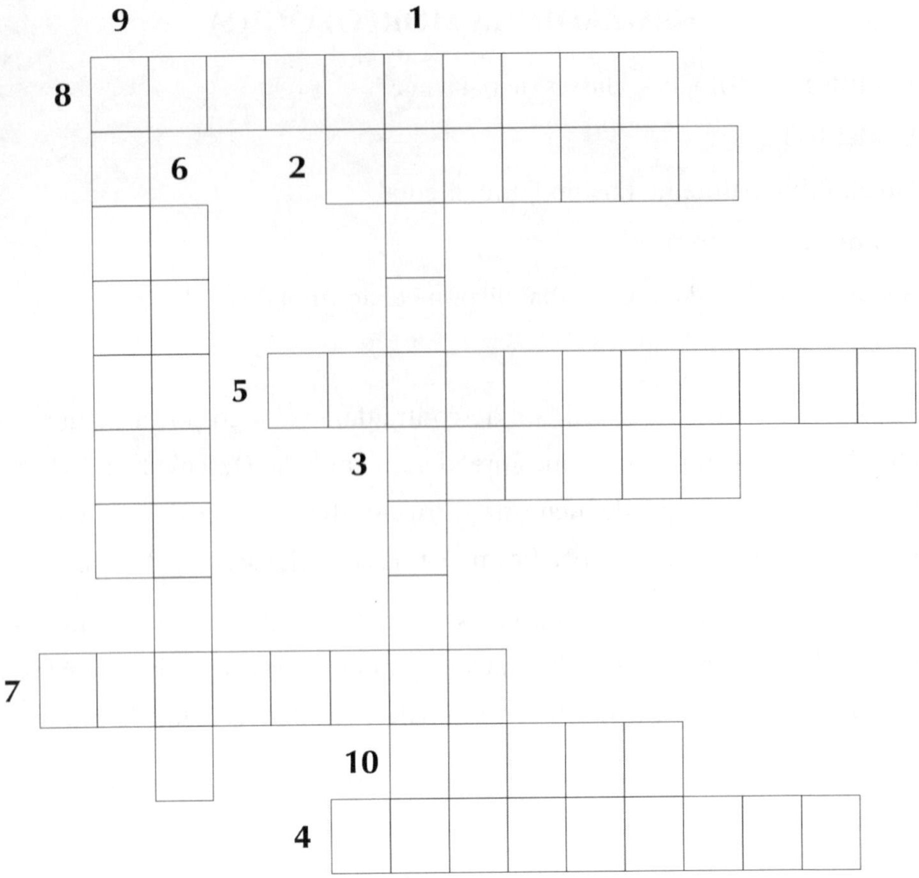

Dicas:

1) Palavra que nomeia coisa, ser, substância, seres reais ou imaginários.

2) Palavra que indica a quantidade dos seres ou demarca o lugar que eles ocupam em uma determinada série.

3) Palavra que se antepõe aos substantivos a fim de determiná-los ou indeterminá-los, indicando o número e o gênero a que pertencem.

4) Palavra que serve para ligar orações.

5) Palavra que exprime sentimentos de dor, alegria, admiração, aplauso, irritação etc.

6) Palavra que se refere ao substantivo, atribuindo-lhe qualidade, especificação, origem ou estado.

7) Palavra que modifica o verbo, o adjetivo e até outra palavra da mesma classe que essa.

8) Palavra que serve para ligar duas outras palavras.

9) Palavra que substitui ou acompanha um substantivo.

10) Palavra que exprime ação, estado ou fenômeno natural, designando simultaneamente tempo, modo, pessoa e número.

Respostas:

1) Substantivo

2) Numeral

3) Artigo

4) Conjunção

5) Interjeição

6) Adjetivo

7) Advérbio

8) Preposição

9) Pronome

10) Verbo

CRIPTOGRAMA VERBAL

Assunto: Classes de palavras - verbos.

Idade: Jovens e adultos.

Nível: Principalmente a partir do Ensino Médio.

Tempo: 15-20 minutos.

Recursos: Cópia do criptograma.

Em um jogo que promove o raciocínio através de perguntas e respostas imediatas sobre diversos verbos, os alunos deverão desvendar o código secreto através dos números. Funciona da seguinte forma: para números iguais, letras iguais. Uma resposta já está impressa como dica. Existem letras que só serão descobertas por lógica ou dedução.

Resolvendo o enigma, os alunos descobrirão a classificação exata dos verbos que se trabalham nas perguntas em jogo. Há quinze verbos na horizontal que deverão ser conjugados corretamente para que as palavras secretas se formem.

Os quadradinhos destacados na vertical é o local onde se formará a resposta. É preciso muita atenção, pois em jogo encontram-se verbos dos modos: indicativo e subjuntivo e suas partições em relação aos tempos. O ideal é completar esse passatempo em, no máximo, 15 minutos. Se for jogado em grupos, ganha aquele grupo que mais rápido achar a resposta ou o que chegar mais próximo a ela.

VERBO **VENDER** NA 1ª PESSOA DO SINGULAR DO PRESENTE DO INDICATIVO.		1	8	13	2		
VERBO **LEMBRAR** NA 2ª PESSOA DO SINGULAR DO PRESENTE DO SUBJUNTIVO.	11		7	9	4	1	6
VERBO **REALIZAR** NA 3ª PESSOA DO SINGULAR DO PRESENTE DO INDICATIVO.		1	3	11	5	14	3
VERBO **OBSERVAR** NA 3ª PESSOA DO SINGULAR DO PRESENTE DO SUBJUNTIVO.	2		6	1	4	15	1
VERBO **OPOR** NA 3ª PESSOA DO SINGULAR DO FUTURO DO PRETÉRITO DO INDICATIVO.		18	2	4	5	3	
VERBO **ASSAR** NA 3ª PESSOA DO PLURAL DO PRETÉRITO PERFEITO DO INDICATIVO.	3		6	3	4	3	7
VERBO **REVISAR** NA 3ª PESSOA DO SINGULAR DO FUTURO DO SUBJUNTIVO.		1	15	5	6	3	4
VERBO **BEBER** NA 2ª PESSOA DO SINGULAR DO PRETÉRITO IMPERFEITO DO INDICATIVO.	9		9	5	3	6	
VERBO **GOSTAR** NA 3ª PESSOA DO PLURAL DO PRESENTE DO INDICATIVO.		2	6	10	3	7	
VERBO **AUMENTAR** NA 1ª PESSOA DO SINGULAR DO PRESENTE DO INDICATIVO.	3		7	1	8	10	2
VERBO **LARGAR** NA 3ª PESSOA DO SINGULAR DO PRETÉRITO PERFEITO DO INDICATIVO.		3	4	16	2	17	
VERBO **CASAR** NA 1ª PESSOA DO PLURAL DO PRETÉRITO PERFEITO DO INDICATIVO.	12		6	3	7	2	6
VERBO **RASURAR** NA 2ª PESSOA DO PRESENTE DO INDICATIVO.		3	6	17	4	3	6
VERBO **CESSAR** NA 3ª PESSOA DO SINGULAR DO PRETÉRITO IMPERFEITO DO INDICATIVO.	12		6	6	3	15	3
VERBO **SELAR** NA 1ª PESSOA DO PLURAL DO IMPERATIVO AFIRMATIVO.		1	11	1	7	2	6

Respostas:

1) Vendo

2) Lembres

3) Realiza

4) Observe

5) Oporia

6) Assaram

7) Revisar

8) Bebias

9) Gostam

10) Aumento

11) Largou

12) Casamos

13) Rasuras

14) Cessava

15) Selemos

AGORA, VOCÊ É O DETETIVE!

Assunto: Homônimos e parônimos.

Idade: Jovens e adultos.

Nível: Principalmente a partir do Ensino Médio.

Tempo: 15 minutos.

Recursos: Cópia do criptograma.

Algumas palavras na língua portuguesa podem confundir tanto na escrita quanto na oralidade. Essas palavras são similares na pronúncia e na escrita, porém possuem diferentes significados. Por esse motivo, muitas pessoas se confundem no momento de utilizá-las em diferentes contextos.

Neste criptograma em códigos tem-se dezoito palavras, na horizontal, que deverão ser descobertas a partir dos códigos. Lembre-se: para desenhos iguais, letras iguais. Existem códigos/desenhos que só serão descobertos por lógica ou dedução.

Seguindo essa lógica, ao desvendar o código nos quadradinhos destacados, formar-se-ão duas palavras fundamentais na vertical, que darão sentido a que parte da gramática e sua especificidade está-se tratando no passatempo.

O ideal é descobrir as palavras destacadas em até *10 minutos*. Esta brincadeira educativa trará à tona não só o tipo de palavras que trazem certas armadilhas de sentido, mas também cada significado delas em suas singularidades.

1) Transpirar:		⚒	⚐	☺						
2) Surgir; manifestar-se:		🏘	🚹	☺	🌍	Ω	☺			
3) O tempo de exercício de um cargo político:		⚐	👂	✍	⚐	🔔	✂			
4) Confirmar um ato ou compromisso:	☺		🔔	Ω	📚	Ω	🎬	⚐	☺	
5) Banco, cadeira ou aquilo utilizado para que alguém consiga sentar:	⚐	☎	☎	🚹		🔔	✂			
6) Alargar:	✍	Ω	🔑	⚐	🔔		☺			
7) Afundar:		🏘	🚹	☺	🌍	Ω	☺			
8) Homem gentil, cortês, nobre, digno:		⚐	🚗	⚐	🔑	⚡	🚹	Ω	☺	✂
9) Denunciar:	✍	🚹	🔑		🔔	⚐	☺			
10) Sinal gráfico (') em forma de vírgula que indica elisão de letra ou letras:	⚐		✂	☎	🔔	☺	✂	📚	✂	
11) Figura de linguagem que consiste em interromper a narração para dirigir a palavra a pessoas ausentes ou ao leitor.		💬	✂	☎	🔔	☺	✂	📚	🚹	
12) Corrigir:		🚹	🔔	Ω	📚	Ω	🎬	⚐	☺	
13) Homem montado a cavalo; o que sabe e costuma andar a cavalo:	🎬	⚐	🚗	⚐	🔑	🚹	Ω	☺		
14) Desrespeitar; violar uma lei:	Ω		📚	☺	Ω	👂	🌍	Ω	☺	
15) Atribuir; aplicar pena, castigo ou punição a alguém por alguma coisa:		👂	📚	🔑	Ω	🌍	Ω	☺		
16) Prescrição escrita por uma autoridade judicial ou administrativa:		⚐	👂	✍	⚐	✍	✂			
17) Sinal gráfico utilizado sobre uma vogal para indicar a maneira como esta deve ser pronunciada:		🎬	🚹	👂	🔔	✂				
18) Fazer com que algum som seja produzido:		✂	⚐	☺						

Respostas:

1) Suar
2) Emergir
3) Mandato
4) Ratificar
5) Assento
6) Dilatar
7) Imergir
8) Cavalheiro
9) Delatar
10) Apóstrofo
11) Apóstrofe
12) Retificar
13) Cavaleiro
14) Infringir
15) Infligir
16) Mandado
17) Acento
18) Soar

LABIRINTO

Assunto: Sintaxe – concordância nominal.

Idade: Jovens e adultos.

Nível: Segundo segmento do Ensino Fundamental e Ensino Médio.

Tempo: 10-15 minutos.

Recursos: Cópia do labirinto.

A regência nominal consiste na maneira de o nome (substantivo, adjetivo e advérbio) relacionar-se com seus complementos por meio da preposição. Por isso, o labirinto foi desenvolvido para auxiliar o aluno ao ligar o termo regente ao termo regido, de forma que ele esteja ciente das correlações entre ambos os termos.

Individualmente, os alunos deverão ligar os termos regentes, que estarão em cima, aos termos regidos, que estarão embaixo. Para facilitar, há uma correlação de termos regentes e regidos que os alunos deverão ligar antes de iniciar o labirinto. Após isso, os alunos completarão as frases que estão com os espaços em branco.

Explicando melhor, do número 1 ao 5 são os termos regentes que deverão ser ligados aos termos regidos; estes estarão entre os números 6 a 10 tanto na correlação quanto no labirinto. O ideal é que esses alunos estejam no 8º ano do Ensino Fundamental até o Ensino Médio.

Correlação:

1) Obediência...

2) Bacharel...

3) Favorável...

4) Prejudicial...

5) Essencial...

6) **para**

7) aos

8) **em**

9) **a**

10) **à**

Frases:

Os filhos devem ter _________ pais. (obediência)

Para ser advogado(a), uma pessoa precisa ter __________ Direito. (bacharel).

Neste ano, as provas foram __________ ela. (favorável)

O fumo é _________ saúde. (prejudicial)

A água é __________ ao bom funcionamento dos rins. (essencial)

1
2
3
4
5
6
7
8
9
10

JOGO DA MEMÓRIA

Assunto: Sintaxe – regência verbal.

Idade: Jovens e adultos.

Nível: Principalmente a partir do Ensino Médio.

Tempo: 15-20 minutos.

Recursos: Cópia dos cartões com as ilustrações.

A regência verbal consiste na relação de subordinação do verbo com o seu complemento, seja preposicionado ou não. Em um divertido e animado jogo da memória em que estimula o cérebro em um raciocínio lógico e analítico, os alunos terão a oportunidade de aprender e fixar esse conteúdo não mais de forma tradicional, apenas decorando, mas, sim, interagindo. Além disso, será fácil a compreensão dos alunos em relação à transitividade verbal e o uso de determinadas preposições.

Em doze cartas com imagens relacionadas aos sentidos dos verbos, vence o aluno que conseguir encontrar o máximo de figuras semelhantes, ou seja, os alunos devem conciliar as imagens, unindo-as de acordo com os sentidos; se forem sentidos iguais um par é formado. Por exemplo: haverá duas imagens referentes ao verbo "visar" no sentido de "mirar"; "dirigir o olhar para" mais duas referentes ao verbo "agradar" no sentido de "fazer carinhos", "afagar" etc.; dessa forma, os alunos deverão encontrar os pares correspondentes.

O ideal é que o professor peça que os alunos formem grupos de no máximo três alunos em torno da sala para jogar em até dez minutos. Uma sugestão é que, para uma maior durabilidade, o professor plastifique os cartões.

JOÃO **ASSISTE À** TELEVISÃO.

JOANA FOI AO CINEMA **ASSISTIR AO** NOVO FILME EM CARTAZ.

CARLOS **VISOU O** ALVO ANTES DE LANÇAR A FLECHA.

O JOGADOR DE BASQUETE **VISOU A** CESTA E LANÇOU A BOLA.

MARIA **VISA A**O LINDO VESTIDO QUE ESTÁ NA VITRINE.

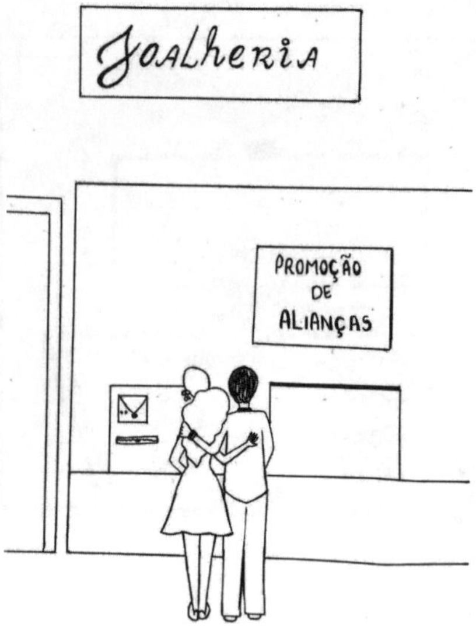

O CASAL **VISA À**S ALIANÇAS EM PROMOÇÃO.

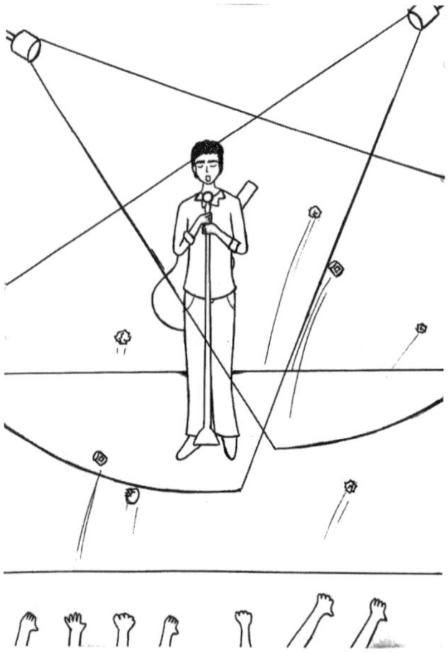

O MÚSICO NÃO **AGRADOU** **A**OS FÃS.

O *SHOW* DE MÁGICA **AGRADOU** **A**O PÚBLICO PRESENTE.

A MULHER **AGRADA O** GATINHO NO OMBRO DELA.

O GATINHO **AGRADA A** MENINA QUE SEGURA UM VASO DE FLORES.

MARIANA **ASPIRA O** AR PURO DA MANHÃ.

MÁRCIA **ASPIRA O** ODOR DO PURO AR DA MANHÃ.

CAÇA-PALAVRAS

Assunto: Ortografia.

Idade: Todas.

Nível: Ensinos Fundamental e Médio.

Tempo: 15-20 minutos.

Recursos: Cópia da cruzadinha e dicas.

O Novo Acordo Ortográfico, que levou seis anos em seu período de transição, já está em vigor em nosso país. Algumas adaptações foram feitas para a forma escrita, porém sem alteração no aspecto relacionado à oralidade ou pronúncia das palavras. Pode-se dar como exemplo: o não uso do acento em determinadas sílabas tônicas das palavras, a retirada do trema, regras no uso do hífen etc.

Com uma proposta lúdica que faz o cérebro manter a atenção focada, trabalhando o raciocínio com mais agilidade, a cruzadinha traz algumas palavras que sofreram alterações, não as mais importantes ou as principais, mas algumas de muitas. Percebendo a mudança em cada palavra, pode-se fazer ligações lógicas com outras palavras a partir de cada regra.

As dicas dadas são definições das palavras a serem encontradas na cruzadinha. O ideal é que os alunos joguem individualmente ou em dupla em até 10 minutos e que esses estejam cursando o 6º ano do Ensino Fundamental até o Ensino Médio. Uma sugestão é que no fim do jogo os alunos anotem as determinadas regras para cada palavra encontrada; assim facilitará a aprendizagem.

F	I	A	C	R	E	E	M	W	Q
D	D	N	D	W	S	A	A	X	Ç
E	E	T	D	G	H	V	O	O	A
F	I	I	C	T	U	H	T	A	L
C	A	-	M	S	A	E	A	N	A
V	H	I	I	E	U	R	R	T	I
G	J	N	C	Q	T	O	T	I	E
H	U	F	R	U	O	I	E	R	L
J	L	L	O	E	E	C	R	R	B
U	Ç	A	-	S	S	O	R	U	M
I	P	M	O	T	C	R	O	G	E
K	O	A	N	R	O	G	T	A	S
O	M	T	D	O	L	R	U	S	S
L	J	Ó	A	P	A	R	A	G	A
E	U	R	S	O	L	E	P	B	K
E	L	I	N	G	U	I	Ç	A	K
L	U	O	E	A	R	U	I	E	F

DICAS	
• Representação mental de algo.	• Cresce na pele dos animais e em algumas partes do corpo humano.
• Verbo na 3ª pessoa do plural, o mesmo de "ter fé".	• Próprio de herói.
• Ato ou efeito de voar.	• Aquilo que não está cozido.
• Reunião de pessoas em um mesmo local.	• Embutido temperado à base de carne e gordura de porco.
• Medicamento que combate uma inflamação.	• Característica do que ou de quem é feio.
• Produto utilizado no tratamento para evitar ou combater as rugas.	• Local onde são ensinadas lições àqueles que desejam aprender a dirigir.
• Forma reduzida de forno.	• Imagem que se faz de si próprio.
• Interrupção do desenvolvimento da ação.	

Respostas:

F	I	A	C	R	E	E	M	W	Q
D	D	N	D	W	S	A	A	X	Ç
E	E	T	D	G	H	V	O	O	A
F	I	I	C	T	U	H	T	A	L
C	A	-	M	S	A	E	A	N	A
V	H	I	I	C	U	R	R	T	I
G	J	N	C	R	T	O	T	I	E
H	U	F	R	U	O	I	E	R	L
J	L	L	O	L	E	C	R	R	B
U	Ç	A	-	T	S	O	R	U	M
I	P	M	O	T	C	R	O	G	E
K	O	A	N	U	O	G	T	A	S
O	M	T	D	T	L	R	U	S	S
L	J	Ó	A	P	A	R	A	G	A
E	U	R	S	O	L	E	P	B	K
E	L	I	N	G	U	I	Ç	A	K
L	U	O	E	A	R	U	I	E	F

BRINCANDO COM OS ADJETIVOS

Assunto: Classe de palavras – adjetivos.

Idade: Todas.

Nível: Ensinos Fundamental e Médio.

Tempo: 15-20 minutos.

Recursos: Papel, caneta, fita adesiva.

Em uma brincadeira bastante descontraída que colocará todos os alunos da turma em uma completa dinâmica, o "brincando com os adjetivos" consiste na formação de duplas em que cada aluno escreverá em um pequeno pedaço de papel alguma pessoa famosa e, com o auxílio de uma fita adesiva, colará na testa do outro colega o artista secreto, sem que ele veja. Ou seja, nenhum parceiro da dupla saberá o que terá colado em sua testa; por isso terão que descrever tal pessoa usando adjetivos. Quem acertar quem é o artista primeiro vence o jogo.

DOMINÓ

Assunto: Semântica – sinônimos e antônimos.

Idade: Todas.

Nível: Ensinos Fundamental e Médio.

Tempo: 15-20 minutos.

Recursos: Cópia das palavras que fazem parte do dominó.

A semântica é a parte da gramática em que se estuda o significado das palavras. Cada palavra possui um significado singular, todavia é possível ter relações entre os significados das palavras, assemelhando-se ou diferenciando-se.

Por isso, o jogo de dominó, direcionado ao 6º ano do Ensino Fundamental, foi pensado para trabalhar precisamente com os sinônimos e antônimos a fim de ampliar a ciência do aluno em relação a esses conteúdos.

Em cada ponta de uma peça de dominó haverá uma palavra sinônima ou antônima da próxima peça que deverá ser encontrada e encaixada. As vinte e oito peças devem ser misturadas em uma superfície e depois divididas em sete ou quatorze peças aos participantes, por isso é necessário que se jogue em duplas ou quartetos em até 20 minutos.

Cada aluno deverá encaixar os sinônimos ou os antônimos de acordo com a peça que estiver em jogo. Quem não possuir a peça indicada deverá passar a vez até que todas as peças estejam devidamente encaixadas; ganha o aluno que completar a última peça do dominó.

MAL	BEM	BEM	SIMPÁTICO
ANTIPÁTICO	ORDEM	ANARQUIA	BENDIZER
MALDIZER	PROGREDIR	REGREDIR	ATIVO
INATIVO	OPOSIÇÃO	ANTÍTESE	BRADO
GRITO	PERTO	PRÓXIMO	AUSÊNCIA
PRESENÇA	SUBIR	DESCER	POUCO
MUITO	QUENTE	FRIO	CORAJOSO

COVARDE	COMEÇO	FIM	RICO
POBRE	RÁPIDO	LENTO	EUFORIA
ALEGRIA	CENTRO	PERIFERIA	FOZ
NASCENTE	GAROTO	MENINO	PULAR
SALTAR	OUVIR	ESCUTAR	SUJO
LIMPO	NOITE	DIA	ANTIGO
ATUAL	BRAVO	NERVOSO	CALMO

BINGO SINTÁTICO!

Assunto: Sintaxe – partes de uma oração.

Idade: Jovens e adultos.

Nível: Principalmente a partir do Ensino Médio.

Tempo: 30-40 minutos.

Recursos: Cópia da cartela de bingo e caneta.

Em um jogo em que a agilidade é a maior aliada, o bingo sintático traz os termos de análise sintática para serem encontrados em determinadas orações. Direcionado ao Ensino Médio, o bingo ajuda a desenvolver o raciocínio de maneira rápida, por isso é preciso muito foco e ao mesmo tempo rapidez para vencer.

O bingo sintático consiste em: nove espaços em cada cartela de bingo e trinta cartões-oração numerados. Os alunos poderão preencher cada espaço com as letras: *P.S; P.O; A.ADN; C.N; A.ADV; A.P; O.D; O.I; APT; P.V; P.N; P.V-N; S.S; S.C; S.INEX; S.IND* e *S.O* que significam respectivamente: Predicativo do Sujeito, Predicativo do Objeto, Adjunto Adnominal, Complemento Nominal, Adjunto Adverbial, Agente da Passiva, Objeto Direto, Objeto Indireto, Aposto, Predicado Verbal, Predicado Nominal, Predicado Verbo-Nominal, Sujeito Simples, Sujeito Composto, Sujeito Inexistente, Sujeito Indeterminado e Sujeito Oculto.

Após todos completarem os espaços com as iniciais desses termos, o professor realizará os sorteios dos números no globo, tirando uma bolinha numerada por vez. Cada número sorteado corresponderá a um cartão-oração que será lido em voz alta. Então, a partir de cada cartão-oração sorteado, os jogadores analisarão em qual classificação o termo destacado se encaixará. Quem primeiro completar uma coluna na horizontal ou na vertical deverá gritar: "bingo sintático!"

Uma dica é plastificar os cartões-oração para uma maior durabilidade.

BINGO SINTÁTICO		

1 **MARIA** COMPROU UM CARRO	2 AS MENINAS **ESTAVAM ALEGRES**.	3 A MANHÃ ESTÁ **ENSOLARADA**.	4 **PEDRO E MARCOS** GOSTAM DE ESTUDAR TODOS OS DIAS.	5 ACREDITAMOS **EM DIAS MELHORES**.
6 O CHUTE **DO JOÃO** FEZ O GOL.	7 O CHUTE **DA BOLA** FOI RÁPIDO DEMAIS.	8 A GREVE **DOS PROFESSORES** FOI PERTINENTE.	9 **AQUELA** CASA FOI VENDIDA.	10 **SENHOR PRESIDENTE**, QUEREMOS NOSSOS DIREITOS!
11 NÃO FALE TÃO ALTO, **JÚLIA**!	12 JOÃO, **PRESIDENTE DO CLUBE**, FEZ A PREMIAÇÃO DO TIME.	13 ALEXANDRE, **O GRANDE**.	14 **PROVAVELMENTE**, OS PROBLEMAS DA ESCOLA SERÃO RESOLVIDOS ESTE ANO.	15 OS ARQUIVOS FORAM, **MUITO** BEM-ORGANIZADOS.
16 JOANA **VIAJOU CONTENTE**.	17 O PROFESSOR **CORRIGIU AS PROVAS**.	18 A PROVA **ERA DIFÍCIL**.	19 JOÃO VIU A VIZINHA **TRISTE** NA JANELA.	20 A CASA FOI DERRUBADA **PELO HOMEM**.
21 A CARTA FOI ENTREGUE À MOÇA **PELO CARTEIRO**.	22 PROCURARAM VOCÊ POR TODOS OS LUGARES DA CIDADE. **(SUJEITO?)**	23 FEZ FRIO DURANTE A NOITE PASSADA. **(SUJEITO?)**	24 FOMOS AO PARQUE ONTEM À NOITE. **(SUJEITO?)**	25 NÃO DESOBEDEÇO **AOS MEUS PAIS**.
26 PEDRO VENDIA **DOCES** NA PRAÇA.	27 AS CRIANÇAS ESPERAVAM **OS PAIS**.	28 MÁRCIA ENTROU EM CASA **APRESSADA**.	29 O BEBÊ TEVE DE TOMAR DOSES **TRIPLAS** DE MEDICAMENTO.	30 UMA DOR **INTENSA** ATINGIU O PACIENTE NO HOSPITAL.

EDITORA VOZES LTDA.
Rua Frei Luís, 100 – Centro – Cep 25689-900 – Petrópolis, RJ
Tel.: (24) 2233-9000 – E-mail: vendas@vozes.com.br